VENZAMOS LA DEPRESIÓN

Neil T. *y* Joanne Anderson

Publicado por
Editorial Unilit
Miami, Fl. 33172
Derechos reservados.

Serie Victoria Sobre La Oscuridad
© 2005 Editorial Unilit (Spanish Translation)
Primera edición 2005

Originalmente publicado en inglés con el título:
The Victory Over the Darkness® Series
Overcoming Depression
© 2004 por Neil T. Anderson y Joanne Anderson
Publicado por Regal Books
Una división de Gospel Light Publications, Inc.
Ventura, California 93006, U.S.A.
www.gospellightworldwide.org
Todos los derechos reservados

The Victory Over the Darkness® Series
Overcoming Depression
© 2004 por Neil T. Anderson and Joanne Anderson
Originally published in the U.S.A. by Regal Books,
A division of Gospel Light Publications, Inc.
Ventura, California 93006, U.S.A.
www.gospellightworldwide.org
All rights reserved.

Reservados todos los derechos. Ninguna parte de esta publicación podrá ser reproducida ni transmitida en medio alguno (electrónico, mecánico, fotocopia, cinta magnetofónica u otro) sin el permiso previo de los editores, excepto para breves citas en reseñas.

Traducción: *Ricardo Acosta*
Edición: *Rojas & Rojas Editores, Inc.*
Fotografía de la portada: *EyeWire Image Library*

Las citas bíblicas se tomaron de la Santa Biblia, Versión Reina Valera 1960
© Sociedades Bíblicas Unidas; *La Santa Biblia, Nueva Versión Internacional*
© 1999 Sociedad Bíblica Internacional. Usadas con permiso.

Producto 495383
ISBN 0-7899-1296-1
Impreso en Colombia
Printed in Colombia

Contenido

RECONOCIMIENTOS 4

INTRODUCCIÓN 5

Capítulo 1 15
El diagnóstico de la depresión

Capítulo 2 28
Cómo comprender la química cerebral y hallar alivio

Capítulo 3 48
Juegos mentales

Capítulo 4 67
La base de la esperanza

Capítulo 5 85
Cómo podemos vencer la desesperanza

Capítulo 6 100
Cómo vencer la sensación de impotencia

Capítulo 7 120
Cómo lidiar con la pérdida

Capítulo 8 140
Cómo sobrevivir a la crisis

Capítulo 9 160
Un compromiso para vencer la depresión

NOTAS 183

Reconocimientos

Muchas personas han contribuido a este libro, principalmente las que más han sufrido. Todo intento que hemos hecho por ministrarles ha sido una experiencia de aprendizaje. Cuando creemos haberlo oído todo, se presenta otro caso que añade más complejidad al problema. Los valles están donde todos crecemos y donde cambiamos la dirección de nuestra vida. La lucha de Joanne con la depresión cambió nuestra vida para bien, y fue el acontecimiento principal que precipitó la fundación de Ministerios Libertad en Cristo.

Queremos agradecer a Hal Baumchen por su contribución a nuestro primer libro sobre depresión, *Reencuentro con la esperanza* (Editorial Unilit, 1999). Esta obra es una recopilación de la parte de Neil en ese libro, junto con apreciaciones de Joanne como sobreviviente de depresión. También queremos agradecer al Dr. Stephen y a Judy King por su contribución. Stephen es psiquiatra y sirve en la junta directiva de Ministerios Libertad en Cristo. Él es nuestra fuente principal para información sobre el uso adecuado de medicamentos. Judy es terapeuta que ha dictado un curso electivo sobre depresión en conferencias de Cómo Vivir Libres en Cristo, además es coautora de *Libre de ataduras* (Caribe/Betania, 1995), con Neil y el Dr. Fernando Garzón.

Finalmente queremos agradecer a Gospel Light por hacer de este libro parte de la Serie Victoria sobre la Oscuridad. Gospel Light es nuestro asociado en ayudar a las personas a descubrir quiénes son en Cristo, y a vivir libremente en Él.

Introducción

Joanne me informó que habían vuelto a hospitalizar a Mary. Esta era la tercera vez que ingresaba por depresión clínica. Joanne tuvo la oportunidad de orar por Mary en el hospital y analizar su situación con ella. La paciente había seguido con diligencia las indicaciones del médico, y había probado todo remedio científico conocido, sin ningún resultado positivo. Un tanto disculpándose, Joanne sugirió: «¿Por qué no vas a ver a Neil?» «¡Neil! ¿Cómo me podría ayudar? ¡Siempre está con el ánimo por los cielos!»

¿No es esa la clase de persona en quien Mary debería buscar ayuda? Si usted se estuviera sintiendo muy enfermo, ¿iría donde un médico enfermizo, escuálido y débil, y le preguntaría cuál es su secreto de salud? Claro, si usted estuviera enfermo querría ver a alguien que siempre esté «animado», o al menos aprender de él. Esa clase de persona debe estar haciendo o creyendo algo que le permite vivir por sobre sus circunstancias. Sin embargo, desde la perspectiva de Mary, no creo que ese era el asunto principal. Tal vez ella estaba pensando:

¿Cómo podría alguien que siempre está «con el ánimo por los cielos» entender lo que me está ocurriendo? ¿Sabe usted qué es despertar cada mañana sin tener la más mínima esperanza y sin la suficiente energía para bajarme de la cama? Pensamientos negativos me salpican la mente, y siempre estoy emocionalmente exhausta. Quizá tenga unos cuantos momentos buenos, pero nunca perduran. Ni siquiera puedo hacer acopio de suficiente energía para pensar de manera adecuada. La más leve irritación da lugar a otra oleada de desesperación. Otro mal reporte y me doy por vencida. Ya no puedo más. No tengo fuerza ni voluntad para luchar. Simplemente quisiera que me tragara la tierra. Esa me parece la única salida, y mi familia estaría mejor si yo muriera.

Tales son los pensamientos negativos, repetitivos y agobiantes del melancólico. Padecer ese mal es de veras perjudicial; sin embargo, soportar las miradas, el rechazo o las frases poco originales de quienes no comprenden es añadir insulto a la herida. Hubo una época en que las inclinaciones naturales de Neil fueron las de «levantar el ánimo» a tales personas. Entonces Joanne le leyó de la Biblia: «¿El mejor saludo se juzga una impertinencia cuando se da a gritos y de madrugada» (Proverbios 27:14, NVI). Un poco de ayuda divertida puede ser un rayo de luz en un mundo siniestro, pero por lo general no perdura ni tampoco resuelve la causa de la depresión.

Si alguien deprimido no cree que un mortal alegre pueda identificarse con sus circunstancias o entender por lo que está pasando, ¿cómo entonces puede esperar que Dios lo entienda? A fin de cuentas, si al Señor no le agradan las circunstancias actuales puede crear otras distintas. Dios no tiene que tratar con nuestras limitaciones finitas; Él es eterno e infinito, no tiene pensamientos impuros, ni lucha con circunstancias insuperables.

JESÚS SE IDENTIFICA

Quizá la afirmación «Dios se identifica» no parezca cierta si usted solamente lo conoce como su Padre celestial, pero recuerde a Jesús. Él se humilló a sí mismo y tomó forma de hombre. Renunció voluntariamente al uso independiente de sus atributos divinos. Todas las fuerzas políticas y religiosas se unieron contra Él. Al final se encontró solo. Hasta sus discípulos escogidos lo abandonaron. Pedro hasta negó conocerlo. En el huerto de Getsemaní, Jesús se afligió y se entristeció hasta la muerte. Él era el varón de dolores experimentado en quebranto. Finalmente enfrentó la farsa de un juicio en que fue hallado culpable de falsas acusaciones. Jesús, el hombre más inocente que alguna vez ha vivido, fue crucificado. Según Hebreos 4:14-16, nosotros podemos llegar hasta Dios gracias a Jesús:

> Teniendo un gran sumo sacerdote que traspasó los cielos, Jesús el Hijo de Dios, retengamos nuestra profesión. Porque no tenemos un sumo sacerdote que no pueda compadecerse de nuestras debilidades, sino uno que fue tentado en todo según nuestra semejanza, pero sin pecado. Acerquémonos, pues, confiadamente al trono de la gracia, para alcanzar misericordia y hallar gracia para el oportuno socorro.

Jesús hizo posible que llegáramos a Dios no solo al morir por nuestros pecados y darnos vida eterna sino también porque Él, por experiencia propia, puede identificarse con nuestras debilidades. Él sabe por vivencia personal cómo nos sentimos. ¿Se ha sentido usted alguna vez rechazado y que nadie lo quiere? Él sí. ¿Alguna vez lo han traicionado personas en las que usted confiaba? A Él sí. ¿Enfrenta usted tentación irresistible? Él fue tentado en *toda* forma. ¿Tiene usted que vivir con las consecuencias de los pecados de otra persona? Él llevó sobre sí los pecados de toda la humanidad y luego enfrentó lo que usted y yo nunca tendremos que enfrentar: que el Padre nos vuelva la espalda.

Podemos decir confiados: «Dios es el que va contigo; no te dejará, ni te desamparará» (vea Deuteronomio 31:6). A pesar de todo lo que soportó, Jesús nunca perdió la esperanza ni la fe en el Padre celestial. Los recursos que lo sustentaron son ahora nuestros en Cristo. Él es el Dios de toda esperanza.

RECIBIMOS MISERICORDIA Y GRACIA

Tenemos la seguridad de que si vamos ante Dios recibiremos misericordia y hallaremos gracia que nos sirva en tiempo de necesidad. Él no nos dará lo que merecemos (lo cual demuestra su misericordia); al contrario, nos dará lo que necesitamos (lo cual demuestra su gracia), aunque no lo merezcamos. Las personas no siempre ven la iglesia como un hogar misericordioso. En muchos casos reciben más misericordia y menos juicio en un centro secular de tratamiento o en un bar local. Sin embargo, esos lugares no tienen la gracia eterna de Dios para ayudarles en momentos de necesidad. En Cristo tenemos esa gracia para ayudar, pero no tendremos la oportunidad de participarla si primero no mostramos misericordia. El grito de los deprimidos es: *Tengan misericordia de mí. No necesito que me reprendan, me juzguen, me aconsejen o me rechacen. Lo que necesito es que me entiendan, me acepten, me afirmen y me amen.* Si eso no viene primero, todas las respuestas bíblicas que tenemos para darles caerán en oídos sordos.

NO DEBEMOS ESCONDERNOS

Determinar las causas y las curas de la depresión presenta un desafío, porque los síntomas muestran que la persona integral —cuerpo, alma y espíritu— está afectada. Sabemos que muchos individuos están físicamente enfermos por razones psicosomáticas.[1] También sabemos que muchas personas físicamente enfermas sufren de manera emocional. Humanamente esperamos que se pueda hallar una causa y una cura física para la depresión porque hay menos estigma social asociado con una enfermedad física que con una mental. De algún modo nos sentimos eximidos de nuestra responsabilidad si se puede determinar una causa física. Así queda intacta nuestra sensación de valía. Creemos que otros serán más comprensivos si saben que no tenemos la culpa de nuestra depresión.

Con esa clase de pensamiento, las personas tienen miedo de hablar de sus problemas emocionales. Enorme cantidad de necesidades quedan insatisfechas cuando la gente solo habla de sus problemas físicos, pero no de sus problemas emocionales o espirituales. En general, la comunidad cristiana no sabe cómo responder a quienes luchan emocionalmente. Por otra parte, si alguien se rompe una pierna acudimos en masa al hospital, oramos por esa persona, estampamos nuestra firma en su yeso y llevamos alimentos a su hogar. A personas que han sufrido este tipo de desgracia las tratamos casi como héroes, porque entendemos la enfermedad física y nos compadecemos de ellas.

Sin embargo, piense en lo que ocurre cuando alguien que está deprimido pide oración. Surge melancolía en el salón, y se hace una oración de cortesía: «Señor, ayuda a María a salir de su depresión. Amén». No se ha enseñado a la comunidad cristiana a responder a problemas emocionales. No hay yesos que firmar, y todo el mundo cavila silenciosamente (o el deprimido cree que los demás están cavilando): *¿Por qué simplemente no reaccionará ante esto? ¡Quién sabe qué secretos vergonzosos oculta! Si orara y leyera más la Biblia no estaría en esa condición. Ningún cristiano sincero tiene por qué estar deprimido. Debe haber algún pecado en su vida.* Estos pensamientos de crítica no ayudan a la persona deprimida, y con frecuencia son falsos. Contribuir a su culpa y su vergüenza no ayuda a la actividad mental de alguien en esas condiciones. Debemos aprender a reflejar el amor y la esperanza de Dios que cobijan a los quebrantados de corazón.

¿Existe una causa física, y por consiguiente una cura física potencial para algunas formas de depresión? Sí, y examinaremos esas posibilidades. Los cristianos no somos más inmunes a una depresión endógena (a saber, dentro del cuerpo, o de origen físico) que los inconversos. Por tanto, no está bien saltar a la conclusión de que es un pecado que un cristiano se deprima. No obstante nuestra esperanza es aun mayor si la causa de nuestra depresión *no* es endógena. Cambiar la química cerebral es mucho menos seguro y menos preciso que cambiar lo que creemos o cómo pensamos. Sin embargo, por lo general es más fácil lograr que alguien se tome una pastilla con la esperanza de cambiar la química cerebral, que lograr que esa persona cambie lo que cree y cómo piensa. Si los individuos están deprimidos por la manera en que piensan y creen, ¿por qué entonces se les rechaza o se les juzga de arrogantes, soberbios y autosuficientes? La persona deprimida encontrará un espíritu más análogo con los profetas de la Biblia que con este último grupo.

SE NECESITA UNA RESPUESTA INTEGRAL

En cierto sentido no es determinante que la causa de la depresión sea física, mental o espiritual. La enfermedad afecta a toda la persona, y una cura completa exige una respuesta integral. Ningún problema humano que se manifieste en una dimensión de realidad se puede separar del resto de lo real. Igual que otras enfermedades del cuerpo y el alma, la depresión es un problema integral que requiere una respuesta integral. La depresión está relacionada con nuestra salud física, con lo que creemos, con la manera en que nos percibimos, con nuestra relación con Dios, con nuestra relación con otras personas, con las circunstancias de la vida, y finalmente podría tener algo que ver con Satanás, quien es el dios de este mundo. Usted no puede tratar con éxito la depresión sin tomar en cuenta todos los factores relacionados. Tenemos un Dios integral que es el creador de toda realidad, y Dios se relaciona con nosotros como personas integrales.

NO ESTAMOS SOLOS

No es vergonzoso sentirse deprimido puesto que esta condición es parte inevitable de nuestro proceso de maduración. Más o menos diecinueve millones de personas en Estados Unidos (casi 10% de todos los adultos) sufrirán de depresión en algún año dado.[2] Solo un tercio de esas personas buscará tratamiento para su depresión. En muchos casos el orgullo nos impide buscar la ayuda que necesitamos, y a menudo las consecuencias son previsibles y trágicas. El orgullo llega antes de una caída, y Dios resiste al orgulloso. Es mucho más sincero y liberador reconocer nuestra necesidad de ayuda que aparentar que podemos llevar la vida cristiana en aislamiento. Nuestra motivación a ser autosuficientes socava nuestra suficiencia en Cristo. Quienes estamos seguros en Jesús reconocemos de buena gana nuestra necesidad mutua, y no dudamos en pedir ayuda cuando forzosamente nos necesitamos unos a otros. Necesitamos a Dios de manera absoluta, y tenemos necesidad unos de otros. La esencia del amor es suplir las necesidades de los demás.

De David se dijo que era un hombre conforme al corazón de Dios, pero sus numerosas rachas de depresión se registran en todo el libro de Salmos. Algunos aseguran que Martín Lutero luchó con la depresión la mayor parte de su vida. Abraham Lincoln dijo: «Ahora soy el ser más desdichado que existe. Si lo que siento se distribuyera a partes iguales entre toda la familia humana, no habría un rostro alegre en la tierra».[3] Sus amigos manifestaron: «Abraham era un hombre triste; su melancolía manaba de él mientras caminaba»,[4] y «lo invadía tanto la depresión mental que no se atrevía a llevar una navaja en el bolsillo».[5] Sir Winston Churchill, el primer ministro de Inglaterra durante la Segunda Guerra Mundial, se refirió a su continua depresión como el perro negro. Un biógrafo observa: «Tenía un enemigo digno de la expresión [perro negro], incontrovertiblemente un tirano cuya destrucción lo había mantenido ocupado y tonificado por completo año tras año.[6]

Seamos realistas, vivir en este mundo caído puede ser deprimente. La depresión es consecuencia natural de experimentar pérdidas en nuestras vidas. Por ende, es de vital importancia que comprendamos cómo reaccionar ante tales pérdidas, puesto que todo lo que tenemos se perderá algún día. Es intención de Dios que crezcamos a través de los sufrimientos de la vida, y que aprendamos a vencer los sentimientos de indefensión y desesperanza. Los tesoros más fabulosos se descubren a menudo en los hoyos más profundos. Lo que necesitamos es la seguridad que solo puede venir de un Dios de toda esperanza. Alguien dijo una vez:

> Podemos vivir aproximadamente cuarenta días sin alimento, más o menos tres días sin agua y casi ocho minutos sin aire... pero solo un segundo sin esperanza.[7]

LA VERDAD RESTAURA LA ESPERANZA

Escribimos este libro para ayudarle a establecer su esperanza en Dios y permitirle vivir según la verdad de la Palabra de Dios. Queremos extenderle la misericordia y la gracia del Señor. Quizá en la vida de usted se hayan deslizado la depresión, la desesperación y la desesperanza, y hayan manchado su percepción de la realidad. Sin embargo, la verdad restaura la esperanza. Queremos ayudarle a ver la realidad del mundo en que vivimos a través de la rejilla de las Escrituras. Sabiduría es ver la vida desde la perspectiva de Dios. Neil no ha luchado con depresión profunda, pero Joanne sí. Contaremos nuestra historia de cómo vencer una depresión tan grave que casi nos destruye. Usted leerá muchas otras historias de personas que se han recuperado de la depresión. Los nombres se han cambiado en la mayoría de las historias, pero algunos han querido narrar francamente sus testimonios de cómo encontraron la libertad en Cristo. Por el bien de la literatura, hemos escrito el libro usando «yo» y «nosotros» sin distinguir si el escritor fue Neil o Joanne. En este libro

1. Describiremos los síntomas y las señales de depresión para facilitar un diagnóstico adecuado.
2. Explicaremos terminología médica, química cerebral y funcionamiento neurológico para que usted pueda entender la parte orgánica de la depresión.

3. Mostraremos cómo el pensamiento y las creencias afectan cómo reaccionamos al mundo exterior en el que vivimos.
4. Estableceremos las conexiones espirituales con la salud mental.
5. Revelaremos la naturaleza de Padre de Dios, y cómo se relaciona con nosotros.
6. Explicaremos los evangelios y estableceremos quiénes somos en Cristo y qué significa ser hijo de Dios.
7. Descubriremos la verdad de las Escrituras que destruyen nuestra sensación de desesperación y desesperanza.
8. Ayudaremos a comprender cómo podemos sobrevivir a las inevitables pérdidas de la vida, y cómo cualquier crisis puede ser un peldaño hacia una madurez mayor.
9. Proveeremos un proceso detallado para vencer la depresión.

Jesús oró: «Ahora voy a ti; y hablo esto en el mundo, para que tengan mi gozo cumplido en sí mismos» (Juan 17:13). Pablo dijo: «No que nos enseñoreemos de vuestra fe, sino que colaboramos para vuestro gozo; porque por la fe estáis firmes» (2 Corintios 1:24). Dios quiere que experimentemos el gozo del Señor. El gozo es un fruto del Espíritu (vea Gálatas 5:22-23), no un fruto de las circunstancias. Junto con usted colaboramos para producir gozo. Sin embargo, vivir la vida cristiana no es intentar ser felices... lo que sería trillado, erróneo e interesado.

Más bien usted está llamado a ser un vencedor en Cristo con mentalidad misionera. Usted no está llamado a llevar una vida de continua derrota, devastación y esclavitud. Verse como rechazado, no deseado e inútil es estar engañado. Ver con desesperación las circunstancias de la vida es dejar de poner los ojos en Jesús, el autor y consumador de la fe. Pensar que no le aman, que no lo valoran, que no vale nada es creer una mentira, porque usted es un hijo del Rey, quien le ha librado de la potestad de las tinieblas y le ha trasladado al reino de su amado Hijo (vea Colosenses 1:13). El amor de Dios por usted es incondicional, porque Dios *es* amor. Su naturaleza es amarle a usted.

Oramos que usted sienta nuestra compasión y comprensión que se deriva de años de ayudar a personas que han perdido la esperanza. Nuestra compasión y comprensión son imperfectas, pero el amor y la compasión de Dios no lo son. Él es la esperanza que usted tiene. Hemos elegido hablar la verdad en amor, pero hemos decidido ser tan tiernos que sanemos a los quebrantados de corazón. Creemos en la presencia personal de Cristo en usted, y la verdad de la Palabra de Dios es la respuesta definitiva. Nuestro deseo es hacer que esa verdad sea relevante en las luchas que usted enfrenta, y que sea suficientemente práctica para inspirarle acción inmediata.

Y el Dios de esperanza os llene de todo gozo y paz en el creer, para que abundéis en esperanza por el poder del Espíritu Santo.

ROMANOS 15:13

CAPÍTULO 1

EL DIAGNÓSTICO DE LA DEPRESIÓN

Las señales de que se acerca la melancolía son ... angustia y desasosiego, abatimiento, silencio, animosidad ... a veces deseos de vivir y otras veces deseos de morir, y sospechas de parte del paciente de que se está tramando una conspiración en su contra.
CAELIUS AURELIANUS, SANADOR
(FACULTAD METODISTA DE MEDICINA),
SIGLO QUINTO D.C.

Un pastor y su esposa comenzaron con lágrimas su sesión. Nueve días atrás su hijo había muerto en un accidente automovilístico. Previamente habían tenido dificultades, y conocían íntimamente la tristeza y el sufrimiento. Mientras hablábamos y orábamos juntos, ellos recordaban a su hijo. Al estar en el ministerio, conocían la gracia y el consuelo de Dios. El pastor y su esposa habían ayudado a muchos otros a superar sus crisis, pero ahora estaba abatido y no podía dormir. La pérdida lo abrumaba.

Otro hombre, Steven, había estado desempleado por casi veinte semanas después de un leve accidente en su camioneta. Nadie salió herido, pero su compañía lo suspendió del manejo, y se dejó llevar por la vergüenza y la pena y renunció. No había podido explorar nuevas posibilidades de empleo y me inventaba historias acerca de las «actividades» que usaba para ocupar su tiempo. Se sentía desvalido y sin esperanzas. Vacilaba en hablar acerca del futuro.

Una mujer en sus treinta se encontraba muy atribulada y físicamente afectada durante nuestra reunión. Madre soltera de un niño de nueve años, trabajaba en una casa de ancianos e iba al colegio en la noche. Aunque hacía mucho tiempo que había dejado a sus padres, hablaba de la continua presión y el estrés en su relación con ellos. Reflexionaba sobre su vida espiritual y la terrible condición de su alma. Con voz temblorosa y ojos aterrados dijo que había cometido el pecado imperdonable. Las «voces» en su mente la agobiaban en todo momento. La llamaban «mujerzuela» e «inmunda» y le decían que Jesús nunca más le hablaría después de lo que ella había hecho. La mujer estaba sumamente agitada y ansiosa.

Una triste epidemia

Estas historias de pérdida, desesperanza y derrota espiritual parecen muy distintas y sin relación alguna; sin embargo, el diagnóstico en cada caso fue depresión. La depresión es un dolor en el alma que abate el espíritu; oprime de manera tan dura que uno no puede creer que algún día desaparecerá, ¡pero sí puede desaparecer, y lo hará! La depresión es tratable. Usted no tiene que vivir con ella, al menos no por mucho tiempo.

Cerca de diez millones de personas en Estados Unidos en la actualidad sufren de depresión. Esta entra sigilosamente en la vida de todas las personas sin importar edad, sexo, condición social o económica. Las mujeres luchan con depresión dos veces más que los hombres. Veinticinco por ciento de estudiantes universitarios batallan

> LA DEPRESIÓN ES UN DOLOR EN EL ALMA QUE ABATE EL ESPÍRITU. USTED NO TIENE QUE VIVIR CON ELLA.

con alguna forma de depresión, y 33% de marginados universitarios sufrirán depresión grave antes de salir de la institución. La cantidad de visitas médicas en que los pacientes recibieron recetas por problemas mentales subió de 32,7 millones a 45,6 millones durante la década de 1985 a 1994. Las visitas en que se diagnosticó depresión casi se duplicó durante esos diez años, de 11 millones a más de 20,4 millones.[1] Este es un aumento increíble en diez años, especialmente en vista del hecho de que muchos que luchan con depresión no buscan ayuda médica.

La depresión es una batalla física, emocional y espiritual compleja pero común. Es tan frecuente que se le ha llamado el resfriado común de la enfermedad mental. Muchas personas tendrán al menos una racha grave de depresión en su vida, y todas experimentarán algunos síntomas de depresión debido a mala salud física, circunstancias negativas o condición espiritual débil. Muchos cristianos viven en negación acerca de su propia depresión por creer que si fueran espiritualmente maduros no tendrían que luchar como el resto de nosotros. En consecuencia, no acuden a otros ni buscan la ayudan que necesitan. Aunque parezca mentira, en algunas comunidades «cristianas» es vergonzoso estar tristes o deprimidos. *Debes estar viviendo en pecado* es la engañosa suposición. Tal pensamiento simplista o erróneo hace que las personas oculten sus verdaderos sentimientos en vez de creer la verdad y caminar en la luz.

SEÑALES DE DEPRESIÓN

La depresión es una alteración o desorden del estado emocional o del ánimo de alguien. Se caracteriza por persistente tristeza, pesadez, oscuridad o sentimientos de vacío. El estado emocional de la depresión por lo general está acompañado de pensamientos de desesperanza y a veces de suicidio. Las personas deprimidas creen que la vida es mala, y que la posibilidad de mejoría es nula. Sus pensamientos están influidos por opiniones negativas y pesimistas de sí mismas, de su futuro y de las circunstancias que las rodean.

Es de vital importancia comprender que el *estado emocional* de la depresión no es la causa sino el síntoma. Tratar el síntoma a lo sumo brinda alivio temporal. Cualquier tratamiento para este mal se debe enfocar en la causa; no en el efecto. El objetivo es curar la enfermedad, no el dolor resultante. Como examinaremos más adelante, la causa puede ser física, mental o espiritual. Creemos que es importante entender los síntomas de la depresión para comprender mejor la causa. Es necesario un diagnóstico adecuado antes de que se pueda pensar en un tratamiento adecuado.

SÍNTOMAS FÍSICOS DE DEPRESIÓN

Nivel de energía: *No tengo ganas de hacer nada.*
Pérdida de energía, fatiga excesiva y cansancio constante son características de los melancólicos. Caminar, hablar, limpiar la casa, alistarse para trabajar o realizar un proyecto puede tomar considerablemente más

tiempo del normal. Quien padece de depresión también siente que el tiempo se está moviendo a paso de tortuga, y que las actividades normales se vuelven tareas monumentales o aparentemente insuperables. Fatiga y cansancio son quejas comunes. El bajo nivel de energía y el poco interés en actividades afectan el desempeño laboral. La persona deprimida sabe que su desempeño está decayendo, pero parece que no puede quitarse de encima la depresión.

Cerca de 10% de los melancólicos batallan seriamente con depresión endógena (es decir, de dentro del cuerpo, o física en su origen). Muchos de ellos simplemente no entran en acción todos los días. No se visten y o se quedan en cama o se tiran en cualquier rincón de la casa. Dejan de funcionar en la vida.

Alteración del sueño: *¡Tampoco dormí anoche!*
Tener problemas en dormirse es uno de los síntomas más comunes de depresión. Aunque algunas personas sienten que se duermen siempre, el insomnio es en realidad más común. El insomnio inicial (desvelarse al ir a dormir) es la dificultad en quedarse dormido. La depresión está asociada más comúnmente con el insomnio terminal (quedarse dormido por pura fatiga, pero luego despertar para no volver a conciliar el sueño). La imposibilidad de dormir es un síntoma de depresión, pero también contribuye a la espiral descendente de quienes parecen no poder salir de la depresión. El sueño inadecuado deja a quienes lo padecen con menos energía para el día siguiente.

El Salmo 77 es un clamor de ayuda de alguien que empieza su lamento cuestionando a Dios (vea vv. 7-9). En ese estado escribe: «Me acuerdo de Dios, y me lamento; medito en él, y desfallezco. No me dejas conciliar el sueño; tan turbado estoy que ni hablar puedo» (vv. 3-4, *NVI*). Su esperanza se ha ido porque lo que cree acerca de Dios no es cierto, y el resultado es pasar noches en vela y no tener suficiente energía ni siquiera para hablar. Eso es depresión.

Nivel de actividad: *¿Para qué molestarse?*
La depresión está acompañada por una decreciente participación en actividades importantes, y una falta de interés en la vida y de propósito de seguir adelante. Quienes la padecen no tienen energía física ni emocional para mantener sus niveles ordinarios de actividad, y su desempeño se obstaculiza con frecuencia. Muchos encuentran difícil orar porque Dios parece lejano. Quizá solían disfrutar tocando piano o algún otro instrumento, pero eso ya no les parece relajante o satisfactorio. Trágicamente, no logran suplir la necesidad de expresión personal y de estar involucrados en una comunidad, lo cual contribuye a su depresión.

Falta de impulso sexual: *¡Esta noche no!*
En la depresión hay a menudo una disminución en el interés o el impulso sexual. Junto a esta pérdida de deseo por el acto sexual hay anhelos de estar solo, sensaciones de falta total de valía, críticas por la apariencia personal propia, pérdida de espontaneidad y apatía. Por lo general el estado emocional de depresión crea problemas en las relaciones, lo cual obviamente restringe más el deseo de tener intimidad.

Dolencia somática: *¡Me duele todo!*
Muchos individuos deprimidos hablan de achaques físicos como dolores de cabeza, de estómago y de la región lumbar, los cuales pueden ser bastante graves. Con frecuencia se presentan dolores de cabeza causados por la depresión. A diferencia de las migrañas, estos dolores son sordos y se sienten como una banda alrededor de la cabeza que irradia el dolor hasta el cuello. En un estado de depresión, David escribió: «Estoy agobiado, del todo abatido; todo el día ando acongojado. Estoy ardiendo de fiebre; no hay nada sano en mi cuerpo» (Salmo 38:6-7, *NVI*).

Pérdida de apetito: *¡No tengo hambre!*
A menudo la depresión está acompañada de una disminución del apetito. La indigestión, el estreñimiento o la diarrea contribuyen a perder peso durante la enfermedad. Quienes luchan con la anorexia por lo

general también están deprimidos. Sin embargo, en 20% de casos de depresión hay un incremento del apetito y las ansias de comer.

SÍNTOMAS MENTALES Y EMOCIONALES DE LA DEPRESIÓN

Los síntomas más perceptibles de la depresión son emocionales. También hay estados mentales consiguientes que indican depresión de ligera a grave. Pero recuerde que lo que el paciente piense o crea es también una causa potencial de depresión. Los siguientes son los síntomas emocionales más comunes, y los estados mentales resultantes de quienes están deprimidos.

> LA DEPRESIÓN SE CARACTERIZA MÁS COMÚNMENTE POR UNA PROFUNDA TRISTEZA.

Tristeza: *¡Me siento horrible!*
La depresión se caracteriza más comúnmente por una profunda tristeza, que parece acercarse sigilosamente y trae consigo pesadez. Llorar y ensimismarse es común entre quienes están acobardados. Algunos apenas pueden controlar la constante corriente de lágrimas. La depresión es la antítesis del gozo, el cual es fruto del Espíritu: «El corazón alegre hermosea el rostro; mas por el dolor del corazón el espíritu se abate» (Proverbios 15:13).

Desesperación: *¡Es inútil!*
Desesperación es ausencia de esperanza. La desesperación no ve luz al final del túnel, ninguna esperanza al final del día y ninguna respuesta para la interminable serie de preguntas que acosan la mente del

deprimido. Tres veces el salmista clamó: «¿Por qué te abates, oh alma mía, y te turbas dentro de mí? Espera en Dios; porque aún he de alabarle, salvación mía y Dios mío. ... Espera en Dios; porque aún he de alabarle, salvación mía y Dios mío» (Salmo 42:5-11; vea 43:5). Esperanza es la seguridad actual de algún bien futuro. El salmista sabía dónde estaba su esperanza. Jeremy Taylor manifestó: «A un hombre que recuerda que quien le ayuda es omnipotente le es imposible desesperarse».[2] El problema es que la depresión parece impedir el proceso normal de la memoria.

Irritabilidad, mínima tolerancia y frustración: *¡Me tienes hasta la coronilla!*
Los individuos deprimidos tienen muy poca reserva emocional. Les fastidian cosas insignificantes, y se frustran con mucha facilidad. Tienen poca tolerancia por las presiones de la vida. Una dama dijo: «¿Cómo puedo planear para el futuro cuando sobrevivir hoy es prioritario en mi lista?»

Aislamiento y retraimiento: *¡Me retiro a mi cuarto!*
John Gray observó que los hombres se refugian en cuevas y las mujeres se meten en hoyos.[3] Los hombres tienden a aislarse más fácilmente, pero pasan menos tiempo en sus cuevas que las mujeres en sus hoyos. La mayoría de los hombres son menos conscientes de la imagen y menos introspectivos que las mujeres. Muchos hombres se van, lamen sus heridas y luego regresan como si nada hubiera pasado. Para algunos es difícil revelar sus sentimientos. Tienden a cubrir su dolor con trabajo o con vicios. En consecuencia, tienen más probabilidades de convertirse en «trabajólicos» o en alcohólicos.

Quienes sufren de depresión se alejan de los demás. Cuando están muy deprimidos se sienten avergonzados de tener compañía. No quieren ser aguafiestas en el grupo, ni arrastrar a otros con su depresión. Aunque algunos podrían creer que el retraimiento es una solución viable de corto plazo, a menudo se agrava la espiral descendente de depresión cuando evitan estar con otras personas.

Patrón de pensamientos negativos:
Nada me sale bien; ¡Soy un fracaso!
En general las personas deprimidas tienen problemas para pensar, concentrarse y mantenerse centradas. Así como el agua busca el terreno más bajo, la depresión se filtra dentro de una persona y ahoga el optimismo. Parece más fácil ver un problema, pensar lo peor, predecir el fracaso, encontrar faltas, y enfocarse en la debilidad. En primer lugar, los deprimidos tienen dificultad para creer cosas positivas y buenas acerca de sí mismos. Los sentimientos de poca valía se convierten en el campo de cultivo de pensamientos de autodestrucción. Luchan con la culpa que los lleva a volverse ilógicos, poco racionales e incluso a tener ideas delirantes. En segundo lugar, los deprimidos no pueden pensar de manera positiva acerca del futuro. No pueden dejar de preocuparse por el mañana. Esto no es algo que les haga mucha gracia; es algo que les aterra. Tercero, las circunstancias en que se encuentran también se interpretan como negativas. Esta es la conocida tríada de la depresión que los terapeutas cognoscitivos ven muchas veces en sus pacientes.

Pensamientos de suicidio: *¡Todo el mundo estaría mejor si me muriera!*
Tristeza, retraimiento, pérdida de energía, relaciones tensas y problemas físicos contaminan la perspectiva que el individuo deprimido tiene de sí mismo y del futuro. Al creerse impotentes y sin esperanza, muchos deprimidos comienzan a pensar en el suicidio como un medio de escape.

En estados depresivos, los individuos se absorben en sí mismos. El cansancio mental hace que muchos piensen negativamente de ellos mismos y poco acerca de otros. No quieren oír más malas noticias ni asumir ninguna responsabilidad adicional. Se trata de un síndrome lleno de miseria, vergüenza, tristeza y culpa.

David expresa en el Salmo 38 casi todos los síntomas de depresión ya enumerados:

- Dolencia somática (vea v. 3)
- Culpa y desesperación (vea v. 4)
- Irritabilidad, mínima tolerancia de las frustraciones, pérdida de apetito, tristeza (vea v. 5-8)
- Escasa energía y actividad reducida (vea v. 10)
- Aislamiento y retraimiento (vea v. 11)
- Pensamientos negativos (vea v. 12)
- Pensamientos de suicidio (vea v. 17)

David expresa dos palabras clave en este salmo que son necesarias para recuperarse de una sensación de indefensión y desesperación: «En ti, oh Jehová, he *esperado*» (v. 15, énfasis añadido), «Apresúrate a *ayudarme*, oh Señor, mi salvación» (v. 22, énfasis añadido).

DIAGNÓSTICO DE LA DEPRESIÓN

El siguiente cuestionario puede servir para evaluar la depresión y ayudar a determinar si la condición es leve o severa. Trace un círculo alrededor del número que lo describiría mejor a usted o a la persona que le concierne. Por ejemplo, en respuesta al primer punto marque 1 si usted siempre está cansado, 5 si es una persona de mucha energía, 3 si tiene energía promedio, es decir, ni mucha ni muy poca. Algunas depresiones leves son una reacción a contratiempos temporales o circunstancias depresivas que podrían durar unas pocas horas o unos cuantos días. Lo mejor es dejar pasar esos episodios, porque pueden tergiversar momentáneamente los resultados. Espere algunas horas o días para obtener una mejor interpretación de su condición general.

Evaluación

1.	Baja energía	1	2	3	4	5	Mucha energía
2.	Dificultad para dormir o siempre con sueño	1	2	3	4	5	Patrones constantes de sueño
3.	Ningún deseo de participar en actividades	1	2	3	4	5	Mucha participación en actividades
4.	Ningún deseo de relaciones sexuales	1	2	3	4	5	Sano impulso sexual
5.	Achaques	1	2	3	4	5	Se siente muy bien
6.	Pérdida de apetito	1	2	3	4	5	Disfruta comer
7.	Tristeza (expresión llorosa)	1	2	3	4	5	Gozoso
8.	Desesperación y desesperanza	1	2	3	4	5	Esperanzado y confiado
9.	Irritabilidad (poca tolerancia de la frustración)	1	2	3	4	5	Siente realización (mucha tolerancia a la frustración)
10.	Retraimiento	1	2	3	4	5	Participativo
11.	Angustia mental	1	2	3	4	5	Paz mental
12.	Baja autoestima	1	2	3	4	5	Alta autoestima
13.	Pesimismo acerca del futuro	1	2	3	4	5	Optimista acerca del futuro
14.	Percibe la mayoría de las circunstancias como negativas y peligrosas para sí	1	2	3	4	5	Percibe la mayoría de las circunstancias como positivas y como oportunidades para crecer
15.	Autodestrucción (otros y yo estaríamos mejor si yo no estuviera aquí)	1	2	3	4	5	Autoprotector (me da gusto estar aquí)

Interpretación
Sume las cantidades que marcó para determinar su puntuación final   _____

Continúa en la página siguiente

Si su puntuación es

45-75 Usted probablemente no está deprimido
35-44 Usted está levemente deprimido
25-34 Usted está deprimido
15-24 Usted está gravemente deprimido

Los grados de depresión están en una constante de leve a severa. Todo el mundo experimenta depresión leve debido a altibajos de la vida. Estas fluctuaciones de ánimo por lo general están relacionadas con asuntos de salud, actitudes mentales y presiones externas de vivir en un mundo caído. En nuestra experiencia, quienes obtienen un puntaje entre 30 y 45 pueden manejar su propia recuperación, y esperamos que el contenido de este libro les ayude exactamente a lograrlo. Quienes alcanzan un puntaje menor de 30 deben buscar ayuda de un buen pastor, un consejero que sea cristocéntrico, o un médico si se descubre que la causa es endógena (vea capítulo dos). Estas personas necesitan la objetividad de otro para ayudarles a resolver sus conflictos.

LUCES INDICADORAS

¿Qué son nuestras emociones? Nuestras emociones son para el alma lo que nuestra capacidad de sentir es para nuestro cuerpo. Suponga que yo tuviera el poder de quitar la sensación de dolor y le ofreciera a usted ser libre del dolor como un regalo. ¿Lo recibiría usted? Parece tentador, pero si no puede sentir dolor, a las pocas semanas su cuerpo sería una masa de cicatrices. La capacidad de sentir dolor es nuestra protección de los elementos perjudiciales del mundo. La depresión está señalando que algo está mal.

Las emociones son como las luces indicadoras en los tableros de control de nuestros vehículos. Hay tres maneras potenciales en que usted puede reaccionar cuando titilan las luces indicadoras. Usted puede hacer caso omiso de la advertencia tapando la luz con un pedazo de cinta negra. A eso se llama supresión, y resultará malsano. También es insinceridad ocultar sentimientos para convencer a otros de que todo está bien.

Otra opción es agarrar un pequeño martillo y romper la luz. A eso se denomina expresión indiscriminada. Para usted quizá sea físicamente saludable expresar sus emociones de manera indiscriminada, pero no para otros. Sea cauteloso en cuanto a sacarse algo del pecho o dejar que se conozcan totalmente sus sentimientos. En la supresión, la persona afectada se aleja. En la expresión indiscriminada, otros se alejan.

> NUESTRAS EMOCIONES SON PARA EL ALMA LO QUE NUESTRA CAPACIDAD DE SENTIR ES PARA NUESTRO CUERPO.

La tercera opción es mirar bajo el capó para descubrir la causa; a eso se le llama reconocimiento. Es decir: ser sincero acerca de cómo usted se siente para que pueda resolver la causa y vivir en armonía con Dios y con los demás. En este libro queremos ayudarle a mirar debajo del capó para descubrir las causas y las curas de la depresión.

CAPÍTULO 2

CÓMO COMPRENDER LA QUÍMICA CEREBRAL Y HALLAR ALIVIO

El perpetuo ciclo de pensar y actuar,
Interminable invención, experimento sin fin,
Brinda conocimiento de movimiento, pero no de paz;
Conocimiento de vocabulario, pero no de silencio;
Sabiduría de palabras e ignorancia de la Palabra.
Todo nuestro conocimiento nos acerca a nuestra ignorancia,
Toda nuestra ignorancia nos acerca a la muerte,
Pero cercanía a la muerte, no más cerca de DIOS.

> *¿Dónde está la Vida que hemos perdido al vivir?*
> *¿Dónde está la sabiduría que hemos perdido en el conocimiento?*
> *¿Dónde está el conocimiento que hemos perdido en la información?*
> *Los ciclos celestiales en veinte siglos,*
> *Nos alejan de Dios y nos acercan al polvo.*
>
> T.S. ELIOT

Con el avance de los microcircuitos y la simplificación de los programas de computadoras, la profundidad del conocimiento se estuvo duplicando cada dos años y medio en la última parte del siglo XX. Si los científicos y médicos saben ahora mucho más que nunca antes acerca de la química cerebral y de las funciones de nuestro sistema neurológico, ¿por qué en los últimos diez años casi se ha duplicado la cantidad de personas que buscan tratamiento para la depresión? ¿Existe algo más que una explicación neurológica de la depresión? ¿Se ha trasladado nuestra esperanza de Dios hacia la ciencia? ¿Ha sido nuestro pensamiento «esto... o esto», cuando debería ser «tanto esto... como esto»?

La ciencia y la revelación no están en un curso de colisión. Dios es el creador de todas las cosas, y el que estableció el orden fijo del universo. Por medio de la disciplina de la ciencia, y mediante investigación empírica, la humanidad ha podido estudiar lo que Dios ha creado. A esto se llama revelación general. Dios quiso que interpretáramos lo que observamos a través de la rejilla de una revelación especial, que es su Palabra. La Palabra de Dios nunca cambia, mientras que un libro de cincuenta años de edad no es muy exacto según los criterios modernos. ¿Quién puede predecir lo que los científicos estarán diciendo dentro de cincuenta años acerca de nuestro actual entendimiento de este mundo y de sus habitantes?

Nuestra esperanza en Dios no es incompatible con la ciencia natural. Los avances en la investigación no disminuyen la preeminencia de Dios, ni deberían estar en conflicto con la revelación divina. Estamos agradecidos por cualquier avance en la medicina que ayude a aliviar el sufrimiento humano.

La maravillosa creación

El Señor formó a Adán del polvo de la tierra y puso aliento de vida en él. Esta unión de aliento divino y polvo terrenal es lo que constituye el carácter de todo hijo de Dios nacido de nuevo. ¿Fuimos diseñados para tener un ser exterior y otro interior? (o sea, una parte material y otra inmaterial). La parte material, o física, del hombre se interrelaciona con el mundo externo a través de cinco sentidos. El ser interior se interrelaciona con Dios por medio del alma y el espíritu. A diferencia del reino animal que funciona por instinto divino, nosotros tenemos la capacidad de pensar, sentir y elegir. Puesto que somos «formidables y maravillosos» (vea Salmo 139:14), tiene sentido que Dios creara el ser exterior para interrelacionarse con el interior, como lo ilustra el diagrama 2:1.

Diagrama 2.1

La correlación entre la mente y el cerebro es obvia, pero existe una diferencia fundamental entre los dos: el cerebro es parte de nuestro cuerpo físico, pero la mente es parte de nuestra alma, o ser interior. En el día de hoy tenemos una analogía maravillosa para ilustrar la relación de trabajo entre el cerebro y la mente. Juntos conforman un sistema computarizado muy complicado. Toda operación computarizada consta de dos componentes distintos: el aparato y el programa. En esta analogía, el primero (la computadora misma) es el cerebro. El cerebro funciona muy parecido a un procesador con sus millones de transistores intercomunicadores que codifican toda la información en un sistema numeral binario de ceros y unos. La miniaturización de los sistemas de circuitos ha hecho posible almacenar y recopilar una increíble cantidad de información en una computadora del tamaño de un cuaderno. Sin embargo, la humanidad ni siquiera ha podido acercarse a fabricar un ordenador tan complicado como el que ahora mismo está haciendo posible que usted lea este libro. Una computadora personal es mecánica, pero nuestros cerebros son organismos vivos compuestos aproximadamente de cien mil millones de neuronas. Cada una es un organismo vivo que en sí es un microordenador. Cada neurona está compuesta de una célula cerebral, un axón (raíz) y muchas dendritas (entradas a la célula cerebral), como se muestra en el diagrama 2.2.

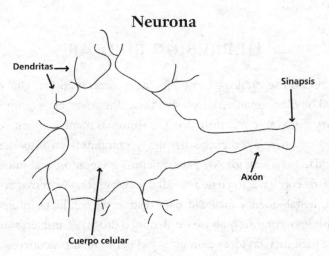

Diagrama 2.2

Cada célula cerebral tiene muchas entradas (dendritas) y solo una entrada a través del axón que canaliza o dirige neurotransmisores a otras dendritas. Una capa de mielina (membrana celular) cubre el axón para aislamiento, porque la célula envía mensajes electroquímicos a lo largo del axón. Cada neurona está conectada a decenas de miles de otras neuronas. Puesto que hay cien mil millones de neuronas, la cantidad potencial de combinaciones es alucinante. Hay un empalme entre el axón de una neurona y las dendritas de otra, llamada sinapsis. Cada célula cerebral recibe información a través de sus dendritas, las cuales la procesan, la integran y la envía a otras neuronas.

Los neurotransmisores se producen en el axón. Cuando una señal de la célula llega al axón, este libera neurotransmisores que atraviesan la sinapsis hacia otras dendritas. Existen más o menos cuarenta clases distintas de neurotransmisores; la dopamina y la serotonina son los más conocidos y relacionados con nuestro análisis de la depresión. Solo 5% de serotonina está en el cerebro; el resto está viajando por el sistema nervioso del cuerpo. Esto es anatomía básica, y lo comentamos con el propósito de explicar posibles causas y curas de la depresión endógena.

Depresión bipolar

La depresión se cataloga como bipolar o como unipolar. Una enfermedad bipolar o maníaco-depresiva tiene dos polos: altos (ánimo maníaco) y bajos (ánimo deprimido). Los síntomas maníacos incluyen aumento de energía; creencias irreales y grandiosas en el poder y la capacidad personal; ideas y pensamientos acelerados; mal juicio; aumento de conversación o de actividad social; euforia extrema; impulsividad; irritabilidad y facilidad para distraerse; conducta intolerable, insensible o irritante; y abuso de alcohol o drogas. También son posibles la paranoia, las ideas delirantes y el pensamiento sicótico.

Se calcula hoy día que aproximadamente de 0,5 a 1% de la población adulta sufre de depresión maníaca, lo cual significa que entre uno y dos millones de estadounidenses han tenido o tendrán esta aflicción.[1] La condición bipolar es igualmente común en hombres y mujeres. Es típicamente un desorden cíclico o episódico. Un estudio en 1973 examinó a casi cuatrocientos pacientes que padecían de enfermedad maníaco-depresiva, y solo dos no volvieron a experimentar una reaparición del problema.[2]

Una de las expertas más destacadas en este mal, Kay Jamison, quien luchó con su depresión maníaca, escribió un libro fascinante que muestra la relación entre arte o creatividad y locura (manía).[3] Algunas de las personas más creativas en el mundo lucharon con esta enfermedad: los escritores Hans Christian Anderson, John Bunyan, Samuel Clemens, Ralph Waldo Emerson, William Faulkner*, Ernest Hemingway*, Herman Melville, Robert Louis Stevenson, Tennessee Williams*, Virginia Woolf* y León Tolstoi; los compositores Irving Berlin*, Noel Coward, Stephen Foster, George Frederic Handel, Cole Porter, Robert Schumann* y Piotr Tchaikovski; y los artistas Miguel Ángel y Vincent van Gogh*.

Esos individuos con un asterisco después de su nombre pasaron tiempo en asilos o en hospitales psiquiátricos. Ernest Hemingway, Virginia Woolf y Vincent van Gogh se suicidaron. Jamison describe en su autobiografía *Una mente inquieta* sus logros increíbles durante sus períodos de manía.[4] El tratamiento de su enfermedad con litio le producía a ella gran alivio, pero también le disminuía su creatividad y productividad. Dijo también que tomar medicinas no era suficiente. Necesitaba la objetividad de otra persona que le ayudara a superar el ciclo depresivo. Igual que muchos que batallan con depresión bipolar, sus bajos emocionales eran tan horribles que el suicidio parecía la única salida. León Tolstoi habló de lo que experimentaba durante sus momentos más bajos de depresión:

> El pensamiento de suicidio me llegaba de manera tan natural entonces como antes me llegaba el de mejorar la vida. Era tan tentadora la idea que debí ingeniármelas para no actuar precipitadamente. No quería estar de prisa solo porque deseaba usar todas mis fuerzas para esclarecer mis pensamientos. Me decía

que si no lograba desenredarlos, siempre podía seguir adelante. Y allí estaba yo, un hombre afortunado, sacando una cuerda de mi cuarto, donde me encontraba solo cada noche al desvestirme, para no colgarme de la viga entre los clósets También dejé de ir de caza con un arma, para que no fuera fácil ceder a la tentación de quitarme la vida. Yo mismo no sabía lo que deseaba. Me aterraba la vida. Luchaba por deshacerme de ella, y sin embargo esperaba algo de ella.

Esto me estaba ocurriendo en una época en que, a juzgar por las apariencias, se me podía considerar un hombre completamente feliz, y sucedió cuando aún no tenía cincuenta años de edad. Poseía una esposa buena, amorosa y bienamada, excelentes hijos, y un gran patrimonio que crecía y se expandía sin ningún esfuerzo de mi parte. Más que nunca antes me respetaban mis amigos y conocidos, me alababan extraños, y podía decir que tenía cierto renombre sin engañarme.[5]

Como en el caso de Tolstoi, las depresiones endógenas podrían tener poco que ver con circunstancias externas. Esta es una lucha mental y física, o posiblemente una batalla espiritual por la mente, como examinaremos más adelante. La transmisión de un mensaje a través de células cerebrales requiere cierta compensación de iones de sodio (positivos) y cloro (negativos). El cloruro de sodio (NaCl) es una sal. De igual manera, la electricidad fluye mejor a través del cobre que del hierro debido a la estructura química de cada sustancia.

En una enfermedad bipolar, la compensación de polaridad entre iones positivos y negativos es anormal. En la depresión, los iones de sodio aumentan aproximadamente en 50%, y con la manía se incrementan hasta en 200%. El medicamento preferido para la depresión bipolar ha sido carbonato de litio, que es una sal inerte. Esta reduce la cantidad de iones de sodio y cloro, lo que a su vez permite que la transmisión avance por la célula y que entre a otras neuronas.

Depresión unipolar

La depresión unipolar afecta casi a 10% de la población estadounidense, y parece ir en aumento. Este mal es una baja continua sin episodios de manía. ¡Dos estudios importantes a finales de la década del 1970 revelaron un aumento de *diez veces* en la depresión en el transcurso del último siglo![6] Como observé antes, el diagnóstico de la depresión casi se ha duplicado desde mediados de la década del 1980. Este enorme incremento del mal ha hecho proclamar a los expertos en todas partes que el mundo está experimentando una epidemia de melancolía.

> La depresión unipolar afecta casi a 10% de la población estadounidense, y parece ir en aumento.

El esfuerzo por hallar la cura *médica* de la depresión unipolar concentrado en la producción, preservación y transmisión de neurotransmisores. Algunos de los anteriores medicamentos antidepresivos eran inhibidores de la monoamina oxidasa (IMAO). El propósito de estas medicinas era bloquear la acción de la monoamina oxidasa, enzima que destruye ciertos neurotransmisores. Los antidepresivos tricíclicos constituyeron la siguiente generación de medicamentos contra la depresión. Su propósito era mantener más tiempo en servicio productivo a los neurotransmisores. Actualmente se pone mayor énfasis en estimular la producción de neurotransmisores que alteran el ánimo, tales como la serotonina. El propósito general de la medicación antidepresiva es lograr otra vez el funcionamiento normal del cerebro, para que la mente pueda pensar con claridad e iniciar el proceso de recuperar energía física, impulso sexual, sueño y actividades que dan significado a la vida.

Debido a la llegada de medicaciones antidepresivas a mediados de la década del 1950, los médicos ahora comprenden mejor la química cerebral y la neurofisiología. Sin embargo, es incompleto creer que la depresión es un desorden meramente físico que requiere medicación. La depresión involucra una inseparable combinación de cuerpo, alma y espíritu. Si los tres componentes están implicados en el inicio de la depresión, los tres campos deben ser también las vías de intervención. A menudo se ordenan evaluaciones físicas y exámenes médicos cuando la depresión es grave.

MEDICACIONES ANTIDEPRESIVAS

Existe una gran diferencia entre los antidepresivos y las medicinas antisicóticas o contra la ansiedad (tranquilizantes). Las últimas son sedantes (barbitúricos). No curan nada. Hacen más lenta la mente para impedir pensamientos de distracción (o voces), o para dejar que la persona se relaje y obtenga algún descanso de una mente que no se aquieta. Los medicamentos antidepresivos tienen el potencial de curar algunas condiciones neurológicas. La mayoría de los antidepresivos modernos tienen menos efectos secundarios, y no necesariamente forman hábito.

La serotonina es solo uno de los muchos neurotransmisores en el cerebro, pero es el que más comúnmente se vincula con el estado de ánimo, y el que más se ha estudiado:

> La serotonina, o la falta de ella, ha estado implicada no solo en la depresión, el apetito incontrolable y los desórdenes obsesivo-compulsivos, sino también en el autismo, la bulimia, las fobias sociales, el síndrome premenstrual, la ansiedad y pánico, las migrañas, la esquizofrenia y hasta en la violencia extrema.[7]

Ciertas medicinas antidepresivas aumentan la disponibilidad de serotonina. Puesto que no hay pruebas clínicamente disponibles para determinar su disponibilidad, a menudo se inyecta para hacer un diagnóstico. Si la condición de alguien mejora después de tomar refuerzos de serotonina por cuatro o seis semanas, el médico concluirá que la persona ha tenido deficiencia de serotonina (o sea, un desequilibrio químico). Si no se observa ningún cambio, se considera que el nivel de serotonina es normal. Estas no son «pastillas de felicidad», y por sí mismas no alteran el estado de ánimo. Solo dan resultado si se necesitan, y son relativamente seguras en comparación con la mayoría de otras medicinas. Las sobredosis de calmantes del dolor como acetaminofeno e ibuprofeno podrían ser más peligrosas que tomar demasiados refuerzos de serotonina.

Aunque los médicos reconocen la falta de precisión de las medicinas recetadas, estos medicamentos son su principal medio de tratar la depresión. En la actualidad los remedios reforzadores de serotonina constituyen 65% de lo que los médicos de cabecera recetan para la depresión. Los médicos han prescrito Prozac a unos veinte millones de estadounidenses. Más de seiscientos mil niños están actualmente con Prozac, el cual ahora viene con sabor a menta. Elegir una medicación de serotonina que sea adecuada para usted requiere la ayuda de su médico. Hay gran cantidad de medicamentos antidepresivos diferentes. Si el primero no da el efecto deseado, se puede probar otro. No hay manera de que su médico pueda medir con exactitud su química cerebral y su producción de neurotransmisores. El procedimiento general es lograr una buena interpretación de los síntomas y luego recomendar una medicina que ha ayudado a otros con síntomas similares. Un artículo en la revista *Time* comentó sobre el actual nivel de comprensión de la serotonina:

> A pesar de años de estudio e impresionantes avances, los investigadores apenas están comenzando a entender el complejo papel de la química en el funcionamiento del cuerpo y el

cerebro, y cómo los médicos pueden hacer ajustes cuando los niveles de serotonina se desequilibran. Hasta donde se sabe, las herramientas que se utilizan para manipular la serotonina en el cerebro humano parecen más machetes farmacológicos que escalpelos: rudimentariamente eficaces pero capaces de causar mucho daño secundario. Barry Jacobs, neurocientífico de la Universidad de Princeton, dice: «Sencillamente no sabemos mucho acerca de cómo funciona el cerebro».[8]

Los refuerzos de serotonina son como una llave que abre la puerta de regulación de neurotransmisores en su cerebro. Puesto que cada cual tiene una cerradura distinta, tal vez usted deba intentar diferentes llaves hasta encontrar la que calce. Sin embargo, cada llave solo tiene 70% de posibilidades de funcionar en el primer intento. La siguiente es una breve descripción de las medicaciones modernas para la depresión:

1. Inhibidores selectivos de la recaptación de serotonina (ISRS)
   Los ISRS son populares y fáciles de usar. Por lo general la dosis con que uno empieza es la misma con la que se queda. Actúan bien en todas las condiciones de deficiencia de serotonina ya enumeradas. Como variedad, los ISRS pueden ocasionar disfunción sexual y, en algunos casos, hacer que se gane peso. Ciertos estudios muestran que pueden causar trastornos de sueño. Algunos médicos descubren que lo mejor es comenzar con esta medicación a la mitad de la dosis normal durante la primera semana para permitir que el cuerpo del paciente se ajuste. Algunos estudios recientes han revelado que estas medicinas no son tan selectivas como se llegó a creer. El estímulo de un neurotransmisor puede estar acompañado de una disminución en otros neurotransmisores, mientras el cerebro busca equilibrarse.

   a. Prozac
      Prozac, de los antidepresivos que captan serotonina, ha sido el que más tiempo ha estado en el

mercado. Esta medicina tiende a ser más activadora y por lo general funciona bien con personas aletargadas. Puede ocasionar trastornos de sueño en algunos pacientes.

b. Zoloft

Además de aumentar los niveles de serotonina, tomada en altas dosis esta medicación también puede estimular un neurotransmisor llamado dopamina. También se usa en personas con síndrome de atención deficitaria. Zoloft puede ocasionar efectos secundarios intestinales en algunos pacientes.

c. Paxil

Esta medicación tiene un efecto calmante en la mayoría de las personas, y puede sedar a algunas. Paxil parece funcionar especialmente bien en condiciones musculares como dollores de cabeza por estrés, síndrome de intestino irritado y fibromialgia.

d. Luvox

Este medicamento se ha usado principalmente para desórdenes obsesivo-compulsivos, pero también se puede utilizar para otras condiciones de deficiencia de serotonina. Podría tener mayores interacciones con drogas que otros ISRS.

e. Lexapro

Este es el último ISRS. Los informes actuales señalan que podría ser el más seguro y más puro, lo que supone menos efectos secundarios.

2. Antidepresivos no ISRS

a. Effexor

Esta medicina puede estimular los niveles de serotonina en bajas dosis, niveles noradrenérgico en dosis medianas y niveles de dopamina en dosis elevadas. Esto hace de Effexor una buena alternativa en el tratamiento de desorden de pérdida de atención, condiciones musculares, y pacientes aletargados. Effexor tiene menor incidencia de disfunción sexual que los ISRS. Algunas personas experimentan trastornos de sueño y, cuando se descontinúa el Effexor, es necesario hacerlo gradualmente para evitar efectos secundarios en el paciente.

b. Serzone

Esta medicina estimula la serotonina de una manera más natural. No tiene efectos en la dopmina, y tiende a ser calmante. Es una buena alternativa cuando se presenta algo de ansiedad; puede actuar más pronto que las demás. Esta ha sido una de las medicaciones que han demostrado normalizar el sueño. Serzone no afecta el impulso sexual ni el peso. Igual que Effexor, esta medicina se debe iniciar en bajas dosis y aumentarse lentamente en un período de tres a cuatro semanas para permitir que el cuerpo se adapte.

c. Remeron

Esta es una de las medicaciones más completas para la depresión. Estimula la liberación de serotonina y norepinefrina. Sus efectos secundarios principales son sedación y ganancia de peso.

d. Wellbutrin

Esta medicina funciona al estimular niveles de dopamina y es útil para el trastorno por déficit de atención o problemas de adicción. Desde hace poco la han comercializado con el nombre de Zyban para dejar de fumar. Igual que Serzone, esta medicina no afecta el impulso sexual ni el peso. Puede ocasionar trastornos de sueño en algunos pacientes.

e. Ritalín
Este medicamento es muy conocido por su uso en el trastorno por déficit de atención. Funciona al sustituir la dopamina. Ritalín y medicinas parecidas funcionan con mucha rapidez, se considera que alteran el estado de ánimo y tienen un elevado potencial de crear hábito. Esta medicación solo se debe usar en situaciones especializadas, porque hay muchas otras que son más seguras y, en la mayoría de los casos, más eficaces.

Pregunte a su médico si existen medicinas que se deben evitar cuando se toma un estimulador de serotonina. Siempre se debe evitar el alcohol cuando se toman estos u otros medicamentos. Si una medicación antidepresiva da buenos resultados en usted, es mejor quedarse con ella por un período de nueve a doce meses para lograr el máximo beneficio.[9] Si toma una medicina recetada, no deje de ver al médico regularmente. Esta es responsabilidad suya, puesto que los médicos no pueden estar al tanto de todos sus pacientes. Recuerde estas realidades: Cada año la Food and Drug Administration (FDA, oficina que en Estados Unidos supervisa el uso de los alimentos y las medicinas) revisa aproximadamente veinticinco nuevas medicinas para su aprobación. Para esta tarea la agencia tiene un personal profesional de más de mil quinientos médicos, científicos, toxicólogos y estadísticos. Sin embargo, para controlar la seguridad de las más de tres mil medicaciones ya en el mercado, y recetadas a millones, la agencia tiene un personal profesional de solo cinco médicos y un epidemiólogo.[10] Debido a que prácticamente no existe control de largo plazo, David Kessler, antiguo comisionado de la FDA, reveló que «a la FDA solo se reportan aproximadamente 1% de los sucesos graves [efectos secundarios]».[11]

Si usted ha estado con un antidepresivo por varios meses y siente que ya no lo necesita, consulte a su médico y asegúrese de bajar lentamente la secuencia del medicamento. Quienes los quitan muy pronto pueden enfrentar nuevos síntomas de depresión, lo cual indica que quitaron el medicamento demasiado pronto. Sin embargo, esa podría no ser la causa en absoluto. Quizá sufran síntomas por la retirada de la medicina, lo cual solo refuerza la creencia de que la necesitan, cuando en realidad quizá no es así.

Terapia electroconvulsiva

La terapia electroconvulsiva (TEC), o tratamiento de choque como se le denomina comúnmente, se usa para tratar casos graves de depresión endógena en pacientes que no reaccionan a los medicamentos. Es uno de los tratamientos médicos menos comprendidos y más cuestionados para enfermedades mentales, debido principalmente a abusos vistos en el pasado. La TEC administra al cerebro un pequeño electrochoque que induce una convulsión. Al paciente se le dan relajantes y un anestésico suave para que solo sienta levemente la convulsión. Los pacientes por lo general experimentan una amnesia suave con muy poco dolor. Un efecto secundario ocasional es pérdida de memoria por poco tiempo. No se sabe por qué, pero la TEC parece estimular la producción de neurotransmisores. En algunos casos es más eficaz que los antidepresivos y funciona más rápido y con menos efectos secundarios, pero no se le considera una respuesta de largo plazo. La mayoría de médicos aún ve la TEC como un último recurso.

Una solución integral

Si usted solamente lee hasta aquí en el libro podría llegar a la rápida conclusión de que la depresión se puede curar simplemente tomando las medicinas adecuadas. Eso sería desafortunado e inexacto. Los medicamentos no pueden cambiar sus circunstancias ni hacer que usted resuelva conflictos personales y espirituales, pero podrían tener el potencial de echar a andar la computadora para que funcione el programa adecuado.

El médico psicólogo David Antonuccio y sus colegas en la Facultad de Medicina de la Universidad de Nevada descubrieron en su investigación que «a pesar de la sabiduría convencional, la información sugiere que en el tratamiento de la depresión, por grave que sea, no existe medicina más fuerte que la psicoterapia».[12] Hace poco la publicación *Consumer Reports* llegó a conclusiones similares. Después de que cuatro mil de sus suscriptores respondieran a la mayor encuesta hecha sobre el uso de terapia o medicamentos para tratar la depresión, investigadores de la Unión de Consumidores determinaron que «la psicoterapia sola funcionaba tan bien como la psicoterapia combinada con medicación como Prozac y Xanax. La mayoría de las personas que tomaban las medicinas sentían que les habían sido útiles, pero muchas informaron efectos secundarios».[13] Sin embargo, el lector debe tener cuidado de que tales conclusiones sacadas de encuestas hechas en la población general se pueden tergiversar, y no constituyen investigación válida.

Tal investigación saca a relucir la crítica duda de relación entre causa y efecto. ¿Qué apareció primero: las circunstancias externas negativas, la mala evaluación mental de la vida, la falta de fe en Dios o un desequilibrio químico? Es probable que un estado de ánimo depresivo se vea acompañado de cambios bioquímicos en el cuerpo, pero decir que la bioquímica cambió debido a la depresión es tan incompleto como decir que una batería descargada fue la causa de que el auto no prendiera. Debemos preguntar: ¿Qué hizo que fallara la batería, y existe otra razón para que el auto no encendiera? ¿Se quedó sin combustible? ¿Fue una falla de alternador o de una correa rota? ¿Estaban encendidas las luces? ¿Está la batería vieja y gastada? Usted puede prender un auto haciendo puente con cables, lo cual es suficiente si se le hubieran quedaron encendidas las luces. No obstante, un buen mecánico considera muchas otras causas para asegurarse de que el auto siga funcionando bien.

El hecho de que las medicaciones antidepresivas ayudan a las personas deprimidas a sentirse mejor no se discute. Lo hacen. Por otra parte, tomar medicinas cada vez que se tiene un síntoma de depresión es como prender un auto haciendo puente con cables cada vez que el vehículo no enciende. El auto está diseñado para funcionar como una unidad total, igual que nosotros. Después de haber estado bajo medicación antidepresiva por casi tres semanas, una mujer declaró: «Apenas ahora vengo a saber que las promesas de la Biblia son ciertas». El uso adecuado de medicación le permitió asumir un curso responsable de acción.

Martin Seligman, reconocido investigador de la depresión, reflexionó en las causas de esta enfermedad:

> He pasado los últimos veinte años tratando de aprender qué causa la depresión. He aquí mis conclusiones. La depresión bipolar (maníaco-depresiva) es una enfermedad del cuerpo, biológica en su origen y contenible con medicinas. Algunas depresiones unipolares también son parcialmente biológicas, en particular las más fuertes. Alguna depresión unipolar es heredada. Si uno de dos gemelos idénticos está deprimido, el otro tiene de algún modo más probabilidades de deprimirse que si hubieran sido mellizos fraternos. A menudo esta clase de depresión unipolar se puede contener con medicamentos, aunque no con tanto éxito como la depresión bipolar, y con frecuencia sus síntomas se pueden aliviar con terapia electroconvulsiva.
>
> Puesto que las depresiones unipolares heredadas son minoritarias, uno se pregunta de dónde viene la gran cantidad de depresiones que son epidémicas en esta nación. Me pregunto si con el paso de los siglos los seres humanos han sufrido cambios físicos que los han hecho más vulnerables a la depresión. Quizá no. Es muy dudoso que nuestra química cerebral o que nuestros genes hayan cambiado radicalmente en las dos últimas generaciones. Por consiguiente, es posible que el hecho de que

haya diez veces más casos de depresión no tenga explicación en terrenos biológicos.

Sospecho que la epidemia de depresión tan conocida para todos nosotros se ve mejor como psicológica. Supongo que la mayoría de las depresiones empiezan con problemas en vivir, y con maneras específicas de pensar acerca de estos problemas.[14]

En general estamos de acuerdo con Seligman, pero discordamos en cuanto a que toda depresión grave unipolar y bipolar es solo una enfermedad física del cuerpo. Con seguridad puede ser el problema, y definitivamente en casos graves se deben considerar los desequilibrios químicos y físicos. Sin embargo, hemos descubierto que muchas depresiones graves tienen un firme componente espiritual, el cual se ha pasado por alto en el mundo secular y a menudo en nuestras iglesias. (Analizaremos esa posibilidad en capítulos siguientes.) Para ilustrar este asunto, lea el siguiente testimonio:

Estoy escribiendo con relación a su seminario en Minnesota. El día en que inició me ingresaron a un hospital por quinta vez debido a depresión maníaca. He estado tratando con esto por casi dos años. Habíamos ido a varios médicos e intentamos todo medicamento que nos recetaban. También tuve tratamientos de choque. Dos veces intenté suicidarme. Como ya no podía trabajar, pasaba la mayor parte de mis días en la planta baja deseando morirme o planeando mi próximo intento de suicidio. Además, ese era un buen lugar para protegerme de las personas y del mundo que me rodeaba. Yo tenía un historial de automaltrato. He pasado treinta años en cárceles o prisiones. Era drogadicto y alcohólico. He estado veintiocho veces bajo tratamiento para drogas y alcohol.

Me hice cristiano hace varios años, pero siempre llevé una vida de derrota. Ahora estaba de vuelta en el hospital para probar nuevas medicaciones o más tratamientos de choque. Mi esposa y mis amigos me convencieron que su seminario sería de más valor. En el hospital se preocuparon porque creían que yo necesitaba ayuda médica. ¡Cuando avanzaba el cuarto día del congreso mi cabeza comenzó a aclararse! La Palabra de Dios me estaba ministrando, aunque yo estaba confundido y en dolor. Le dije a alguien de su personal que me encontraba a punto de desfallecer. Él fijó una cita para mí.

La sesión duró siete horas. No dejaron una piedra sin remover. Todo estaba saliendo bien hasta que llegué a la amargura y la falta de perdón. Las tres cosas que motivaban mi vida eran la baja autoestima, la ira y la amargura, las cuales eran consecuencia de que un sacerdote abusara sexualmente de mí, y de muchos años de maltrato físico y verbal en mi infancia. Con sinceridad puedo decir que he perdonado a quienes me hicieron daño, y que Dios entró en mí y me quitó la depresión. Mis ojos estaban abiertos a la verdad del Señor. Me sentí más liviano que nunca.

Fui al hospital, pero después de dos días me dijeron que no tenía que estar allí. Mis médicos afirmaron que yo era una persona diferente. Nunca habían visto a alguien cambiar tan rápido. Dijeron: «Cualquier cosa que estés haciendo, no la dejes». He estado creciendo a diario en el Señor. Hay tanto antes de Cristo y después de Cristo que podría continuar para siempre.

Los consejeros seculares rara vez ven esta clase de determinación. Muchas personas continúan en su depresión porque solo han considerado una causa posible, y por ende solo una cura posible. Una cristiana dijo: «Mi problema es neurológico, y mi psiquiatra dice que yo no debo dejar que alguien me diga algo diferente». Ella reconoció que aún no había encontrado la combinación adecuada de medicamentos, pero tenía la seguridad absoluta de que finalmente la hallaría. Aunque aún estaba deprimida, su esperanza estaba en encontrar la combinación adecuada de medicinas. En la misma iglesia, otro cristiano dijo: «

Tomar medicación demuestra falta de fe». Por supuesto, ¡él nunca había experimentado depresión! ¿Cómo podían dos personas en la misma iglesia lanzar opiniones tan diferentes?

Dios se relaciona con nosotros como personas integrales —cuerpo, alma y espíritu— que vivimos en un mundo físico y espiritual. Reflexione de nuevo en nuestra analogía de la computadora: El cerebro representa el aparato o equipo físico, y la mente representa el programa.

La tendencia del mundo occidental es suponer que los problemas mentales o emocionales están ocasionados principalmente por fallas de la computadora. No hay duda de que el síndrome cerebral orgánico, la enfermedad de Alzheimer, o el desequilibrio químico u hormonal pueden impedir nuestra capacidad de funcionar. El mejor programa no funcionará si la computadora está apagada o rota.

Por tanto, es una tragedia para un pastor devoto o un consejero centrado en Cristo tratar de ayudar a alguien que está físicamente enfermo, sin sugerir alguna atención médica. Por otra parte, es igualmente trágico que los médicos piensen que con medicación pueden curar a la persona integral. Es loable tomar una pastilla para curar el cuerpo, pero tomar una píldora para curar el alma es deplorable. Por fortuna, la mayoría de médicos saben que el modelo médico solo se puede seguir hasta cierto punto. Muchos en la profesión médica reconocen que la mayoría de sus pacientes está sufriendo por razones emocionales y espirituales (es decir, enfermedades psicosomáticas).

Al tratar con desórdenes mentales o emocionales, no creemos que el problema principal esté en la computadora sino en el programa. Aparte de presentar nuestros cuerpos a Dios como sacrificio vivo, y de ser buenos mayordomos de nuestro cuerpo físico, no podemos hacer mucho para cambiar la computadora, pero podemos cambiar totalmente el programa. La manera en que pensamos y decidimos creer puede cambiar de veras nuestra bioquímica.

CAPÍTULO 3

JUEGOS MENTALES

Por una extraña alquimia cerebral su placer siempre se convertía en pena, su ingenuidad en deseo salvaje, su astucia en amor... su vino en fuego y así, siendo joven y hundido en la locura me enamoré de la melancolía.

EDGAR ALLAN POE

Jim entró a mi consulta temblando físicamente y derrotado por completo. En los seis meses anteriores había estado recluido en un hospital de veteranos por severa depresión. Estaba a punto de jubilarse de un buen empleo de servicio civil, y el gobierno estaba generosamente guardándole el puesto para cuando regresara. Sin embargo, pronto se acabaría la disposición del gobierno de hacer esto, y saberlo solo contribuyó a la depresión del hombre.

Jim tendría buenos beneficios de jubilación si completaba su carrera en los dos años siguientes, y su actual estado económico estaba bien por sobre el promedio. Seis meses antes había hecho una importante inversión económica en un proyecto de vivienda que fracasó. Al momento no estaba seguro de que perdería su inversión, pero había pocas dudas en su mente de que oír la mala noticia era lo que había precipitado su depresión. Le pregunté si podía recordar algunos pensamientos dominantes que estuviera teniendo en ese tiempo. Declaró: «Me hallaba sentado solo en mi estudio reflexionando en qué hacer cuando me llegó el pensamiento: *Te estás hundiendo*». ¡Se lo creyó! Pero no era cierto. Su panorama económico era mucho mejor que el de la mayoría.

Le pregunté a Jim si le gustaría resolver estos asuntos, y estuvo de acuerdo en seguir Los Pasos Hacia la Libertad en Cristo (los Pasos).[1] Tratamos con muchas cuestiones, y renunció a la mentira de que se «estaba hundiendo». Tres horas después estaba sentado tranquilo ante mí con paz mental y una sensación de esperanza por primera vez en meses. ¿Cómo se explica un cambio tan repentino? ¿Y puede ser duradero? Para explicarlo debemos entender cómo funcionan juntos el cuerpo (material, o ser exterior), el alma y el espíritu (inmaterial, o ser interior) con el mundo externo y con nuestro Creador.

CÓMO SE PROGRAMÓ NUESTRA COMPUTADORA

Antes de llegar a Cristo estábamos espiritualmente muertos en nuestros delitos y pecados (vea Efesios 2:1). En otras palabras, habíamos nacido físicamente vivos pero estábamos espiritualmente muertos. No teníamos la presencia de Dios en nuestra vida ni conocíamos sus caminos. En consecuencia aprendimos a vivir de manera independiente de Él. Desde los primeros días nuestra mente estuvo programada por el mundo exterior. Por eso el corazón de alguien no regenerado es engañoso y está desesperadamente enfermo (vea Jeremías 17:9). Nuestra cosmovisión y nuestras actitudes acerca de la vida se formaron de dos maneras según el ambiente en que nos criamos: (1) por medio de experiencias imperantes, como el hogar en que crecimos, el vecindario en que jugamos, los amigos que tuvimos y la iglesia a la que fuimos o a la que no fuimos; y (2) por medio de experiencias traumáticas, como la muerte de un miembro de la familia, el divorcio de los padres, maltrato físico o emocional o abuso sexual. Estas impresiones duraderas fueron quedando impresas en nuestra mente a través del tiempo por repetición o por la intensidad de las experiencias fuertes, tanto buenas como malas.

Vivimos de acuerdo a lo que hemos decidido creer acerca de nosotros y del mundo que nos rodea. No siempre tenemos conciencia de que constantemente estamos reuniendo información que forma, altera o intensifica nuestras creencias. Muchos van por la vida con una actitud despreocupada, inconscientes de cómo el mundo en que viven está influyendo en ellos. Las fuentes externas de información varían enormemente de una cultura a otra. No hay cultura de valor neutral.

Todos tenemos alguna información segura y saludable de nuestros alrededores, así como estímulos externos contaminados y malsanos, los cuales afectan nuestra filosofía de la vida y nuestra percepción de nosotros mismos. Nuestro sistema de creencias siempre está cambiando a medida que procesamos informaciones y experiencias positivas y negativas. Por desgracia, ¡no toda información que recibimos viene claramente definida como productiva o improductiva, buena o mala, verdadera o falsa!

CÓMO SE REPROGRAMA NUESTRA MENTE

Sin el evangelio, no seríamos más que productos de nuestro pasado. Ezequiel profetizó que Dios pondría dentro de nosotros un corazón nuevo y un espíritu nuevo (vea Ezequiel 36:26), lo cual sucedió de veras cuando nacimos de nuevo. Nos convertimos en nuevas creaciones en Cristo (vea 2 Corintios 5:17), y ahora tenemos la mente de Cristo (vea 1 Corintios 2:16) en el mismo centro de nuestro ser. ¿Por qué entonces no pensamos distinto ni nos sentimos mejor? Porque todo lo que se ha programado antes en nuestras computadoras desde el mundo exterior aún está allí y es susceptible de recordarse. Nadie pulsó el botón de borrar, porque no existe. Nuestra computadora mental no tiene botón de borrar; por tanto, es necesario reprogramarla. Las mentiras de este mundo se deben reemplazar con la verdad de la Palabra de Dios:

> No os conforméis a este siglo, sino transformaos por medio de la renovación de vuestro entendimiento, para que comprobéis cuál sea la buena voluntad de Dios, agradable y perfecta (Romanos 12:2).

Antes de llegar a Cristo estábamos conformados a este mundo, y seguiremos conformados si permitimos que el mundo influya en nosotros. Nuestro cerebro aún recibe mensajes de este mundo, y nuestra mente los interpreta, pero ahora tenemos un nuevo recurso interior, que es Cristo en nosotros, la esperanza de gloria (vea Colosenses 1:27). El Espíritu de verdad nos llevará a toda verdad, y esa verdad nos hará libres (vea Juan 8:32).

> ANTES DE LLEGAR A CRISTO ESTÁBAMOS CONFORMADOS A ESTE MUNDO, Y SEGUIREMOS CONFORMADOS SI PERMITIMOS QUE EL MUNDO INFLUYA EN NOSOTROS.

CÓMO SE INTERRELACIONAN EL SER INTERIOR Y EL SER EXTERIOR

Veamos cómo el resto del ser exterior se relaciona con el ser interior. El cerebro y la médula espinal completan el sistema nervioso central, el cual se despliega en lo que es sistema nervioso periférico (vea diagrama 3.1). Este sistema nervioso periférico tiene dos canales: el sistema nervioso autónomo y el sistema nervioso somático. El somático regula nuestros movimientos musculares y básicos, tales como el habla, los gestos o cualquier movimiento corporal sobre el cual tengamos control volitivo. Obviamente se interrelaciona con nuestra voluntad. No hacemos nada sin pensarlo primero. La respuesta pensamiento-acción es tan rápida que difícilmente somos conscientes de la secuencia, pero siempre está allí. Pueden ocurrir movimientos musculares involuntarios cuando el sistema se descontrola, como es el caso de la enfermedad de Parkinson (temblores incontrolables), la cual es una degeneración progresiva de células nerviosas en una parte del cerebro que controla movimientos musculares.

Diagrama 3.1

Nuestro sistema nervioso autónomo regula nuestros órganos internos. No tenemos control volitivo directo sobre nuestras glándulas. Ellas funcionan de forma automática. En un sentido general, tampoco tenemos control volitivo sobre nuestras emociones. No podemos hacer que nos sintamos bien o que nos guste alguien. Sin embargo, sí tenemos control de lo que pensamos, y podemos decidir creer que lo que Dios dice es cierto. Así como nuestras glándulas están reguladas por nuestro sistema nervioso central, nuestras emociones son principalmente consecuencia de nuestros pensamientos. No son las circunstancias de la vida lo que determina cómo nos sentimos; esto lo determina principalmente cómo interpretamos los acontecimientos de la vida (es decir, lo que decidimos pensar y creer), y en segundo lugar lo determina cómo decidimos comportarnos. Entre los estímulos externos y la reacción emocional está el cerebro (receptor) y la mente (intérprete). La depresión no la originan las circunstancias negativas externas. No obstante, podemos deprimirnos al interpretar las circunstancias con algo inferior a una filosofía bíblica de la vida.

CÓMO EL ESTRÉS SE CONVIERTE EN ANGUSTIA

Apliquemos esto al problema del estrés. Cuando presiones externas ponen exigencias en nuestro sistema físico, las glándulas adrenales reaccionan segregando hormonas como la cortisona en nuestro cuerpo físico. El cuerpo responde automáticamente a las presiones externas. Esta es la reacción natural de «correr o encaramarse» ante presiones de la vida. Si las presiones persisten por mucho tiempo, nuestras glándulas adrenales no logran seguir el ritmo, y el estrés se convierte en angustia. El resultado puede ser enfermedad física, o podríamos volvernos irritables con cosas que no nos molestarían física o emocionalmente en momentos menos estresantes.

¿Por qué dos personas reaccionan de modo distinto a la misma situación estresante? Algunos en realidad aprovechan la oportunidad y crecen bajo la presión mientras otros se desmoronan. ¿Cuál es la diferencia entre los dos? ¿Tiene mejores glándulas adrenales uno de los dos? Aunque podríamos diferir considerablemente en condición física, la mayor diferencia yace en la mente. No son solamente factores externos los que determinan el grado de estrés. Todos enfrentamos presiones de plazos de vencimiento, programaciones, traumas y tentaciones.

La diferencia principal es cómo interpretamos mentalmente el mundo externo, y cómo procesamos la información que recibe nuestro cerebro. La respuesta de nuestra mente puede ser confiar en Dios con la seguridad de victoria, o vernos como víctimas indefensas de las circunstancias. Los israelitas veían a Goliat en relación con ellos mismos, y se estresaron, mientras David lo vio en relación con Dios, y triunfó. La fe en Dios (es decir, lo que creemos) afecta en gran manera cómo interpretamos las presiones del mundo y cómo reaccionamos a ellas.

> LA RESPUESTA DE NUESTRA MENTE PUEDE SER CONFIAR EN DIOS CON LA SEGURIDAD DE VICTORIA, O VERNOS COMO VÍCTIMAS INDEFENSAS DE LAS CIRCUNSTANCIAS.

Es importante comprender que las glándulas adrenales no inician la liberación de adrenalina. Ellas son las que reaccionan, no las que inician. En la corriente sanguínea se liberan hormonas después de que el cerebro registra las informaciones externas y la mente las interpreta. El cerebro mismo solo puede funcionar de acuerdo a cómo se le ha programado. Dios nos creó con una programación natural para sobrevivir, así como un recién nacido mama por instinto, y como otras funciones corporales mantienen la vida. Estos comportamientos naturales son parecidos al modo en que funciona el reino animal por medio de instintos divinos.

Existe también una producción natural, o normal, de neurotransmisores que permiten el funcionamiento del cerebro; de otro modo no se podría mantener la vida física en la infancia. En otras palabras, desde el nacimiento estamos programados para existir físicamente.

Tenemos una voluntad natural para vivir y buscar alimento, ropa, refugio y seguridad. ¿Podría la programación de nuestra mente —o el modo en que decidimos pensar— afectar la manera de funcionar del cerebro? Si la secreción de adrenalina de nuestras glándulas adrenales provoca el modo en que pensamos o percibimos la realidad, ¿pueden la serotonina u otros neurotransmisores verse afectados por cómo pensamos y qué decidimos creer?

¿Transforma la presencia de Dios en nuestras vidas al ser exterior o al ser interior? ¿Qué cambia físicamente en nuestras vidas en el momento en que nacemos de nuevo? De igual modo, ¿qué cambios físicos podría usted observar en su computadora cuando instala un nuevo programa? Aunque en el ordenador existe la misma cantidad de componentes, la pantalla muestra un material diferente. Cambió el flujo electromagnético a través de la computadora. ¿Comenzaríamos a vivir de manera distinta si se cargara un nuevo programa en nuestro cerebro? Sí, porque nuestros ojos se abrirían a la verdad, y la presencia del Espíritu Santo nos permite vivir por fe. El flujo de neurotransmisores cambiaría seguramente aunque permaneciera igual la cantidad de células cerebrales.

Ciertamente, la presencia de Dios en nuestras vidas afecta hasta nuestro ser físico. Según Pablo, «aquel que levantó de los muertos a Jesús mora en vosotros, el que levantó de los muertos a Cristo Jesús vivificará también vuestros cuerpos mortales por su Espíritu que mora en vosotros» (Romanos 8:11). Esto es evidente cuando caminamos por el Espíritu, puesto que «el fruto del Espíritu es amor [el carácter de Dios], gozo [la antítesis de la depresión], paz [la antítesis de la ansiedad], paciencia [la antítesis de la ira], benignidad, bondad, fe, mansedumbre, templanza; contra tales cosas no hay ley» (Gálatas 5:22-23). La conexión entre la causa introductoria (el Espíritu de verdad) y el resultado final (dominio propio) es la mente, la cual dirige el cerebro y a su vez regula todas nuestras glándulas y todos nuestros movimientos musculares.

CÓMO LA FE BÍBLICA LLEVA A LA REALIZACIÓN

Jesús preguntó a los ciegos: «¿Creéis que puedo hacer esto? Ellos dijeron: Sí, Señor. Entonces les tocó los ojos, diciendo: Conforme a vuestra fe os sea hecho» (Mateo 9:28-29). Los ciegos decidieron creer; por tanto, el poder externo de Jesús se hizo real. En otras palabras, el Señor decidió llevar a cabo una curación física a través del canal de la creencia de ellos. ¿No es esto verdadero en todo aspecto de la vida? Somos salvos por fe (vea Efesios 2:8) y santificados por fe (vea Gálatas 3:3-5), y caminamos, o vivimos, por fe (vea 2 Corintios 5:7). Dios no circunvala nuestra mente. Obra a través de ella, y somos transformados por la renovación de nuestro entendimiento. Él posibilita la renovación de nuestra mente por su mismísima presencia en nuestras vidas. Respondemos en fe cuando decidimos creer la verdad y vivir por el poder del Espíritu Santo, y no cuando satisfacemos los deseos de la carne (vea Gálatas 5:16). Jesús es «el camino [cómo debemos vivir], y la verdad [lo que debemos creer], y la vida [nuestra unión espiritual con Dios]» (Juan 14:6). Incluso ejercitar los dones espirituales comprende el uso de nuestra mente. Pablo concluye: «Oraré con el espíritu, pero oraré también con el entendimiento; cantaré con el espíritu, pero cantaré también con el entendimiento» (1 Corintios 14:15).

CÓMO LA VERDAD DE DIOS TRAE LIBERTAD

Si la verdad nos libera y la fe transforma nuestras vidas, ¿cómo entonces se afecta nuestro sistema neurológico? Estudios científicos irradian luz sobre la relación entre indefensión aprendida y cambios neuroquímicos en el cuerpo. Demitri y Janice Papolos describen un experimento en que mediante el uso de choque «enseñaron» indefensión a unas ratas. Los médicos pudieron medir los cambios neurológicos en varios sitios de receptores beta que indicaban depresión:

El Dr. Henn y sus colegas indujeron depresión en otro grupo de ratas, pero las trataron sin medicación. Hicieron una intervención conductual y «enseñaron» a las ratas a escapar del choque. Un estudiante de medicina que trabajaba en el laboratorio tejió a las ratas pequeños suéteres con mangas largas sobre sus patas delanteras. Adhirieron cuerdas a las mangas, y los investigadores podían halar las patas de las ratas como títeres, y entrenarlas para empujar la palanca que detendría el choque. Con las ratas ya no indefensas, sus síntomas de depresión se calmaron, y los sitios de receptores beta volvieron a su estado anterior. El Dr. Henn y los demás concluyeron por estos estudios que, así como la neuroquímica afecta la conducta, los cambios en la conducta afectan la neuroquímica.

Se han producido algunos hallazgos complementarios en el tratamiento de la depresión humana. Un breve tratamiento psicoterapéutico llamado terapia cognitiva se enfoca en el proceso de pensamiento de una persona deprimida, en particular el pensamiento de desesperanza e impotencia, y cambiar los patrones de pensamientos negativos ha demostrado ser tan eficaz como el antidepresivo imipramina en el tratamiento de la depresión.[2]

La investigación revela el vínculo entre la química cerebral y la esperanza. Nuestro cuerpo se afecta si nos creemos indefensos, sin esperanza y descontrolados. Aumentan los síntomas de depresión como tristeza, desesperación, aletargamiento, pérdida de apetito y problemas de sueño. Una vez restaurada la esperanza, la depresión se va. Esto tiene enormes implicaciones para quienes luchan con depresión, y para quienes los ministran. Dios estableció la fe como el medio por el cual nos relacionamos con él y llevamos nuestras vidas. Puesto que Él no circunvala nuestra mente, nosotros tampoco deberíamos hacerlo.

Si la manera en que percibimos la realidad y en que decidimos creer afecta nuestra fisiología y bioquímica, el tratamiento para la depresión no se debe limitar a medicamentos. Si ese fuera el caso, ¿debe un cristiano tomar medicinas para problemas emocionales? Quizá una analogía es la mejor manera de responder esa pregunta. Suponga que usted sufre regularmente de indigestión ácida debido a sus hábitos alimentarios. ¿Debería tomar medicamentos para aliviar el ardor de estómago? La mayoría de las personas lo haría, y no hay nada de malo en conseguir alivio temporal, pero la respuesta de largo plazo es cambiar sus hábitos alimentarios. Su cuerpo le está diciendo algo: «¡Deja de alimentarme con esta basura!» Su cuerpo es producto de lo que usted come, bebe y respira. También existe la posibilidad de que usted tenga una grave enfermedad estomacal como una úlcera o cáncer. Tales síntomas también podrían indicar un problema cardíaco.

Es aconsejable tomar medicinas para aliviar el dolor, pero un individuo sensato tratará de conocer la causa original de la condición. Quizá sea necesario un cambio de estilo de vida si desea vivir de manera saludable. La buena salud es consecuencia de una rutina equilibrada de descanso, ejercicio y dieta sana. No importa cuán bien aprendamos a cuidar de nuestro cuerpo físico, de todos modos va a deteriorarse en el transcurso de nuestras vidas naturales. Sin embargo, nuestra esperanza no radica en la preservación de nuestro cuerpo mortal sino en el carácter probado (vea Romanos 5:4) y en la resurrección final, cuando recibiremos nuestros cuerpos resucitados e inmortales. «Por tanto, no desmayamos; antes aunque este nuestro hombre exterior se va desgastando, el interior no obstante se renueva de día en día» (2 Corintios 4:16).

Si el pensamiento negativo afecta la neuroquímica, entonces podría ser recomendable tomar antidepresivos para aliviar el estado depresivo, pero en la mayoría de los casos no es la solución de largo plazo. El peligro es establecer nuestra confianza en la medicación para la cura de la depresión, en vez de poner nuestra esperanza en Dios y aprender a llevar una vida equilibrada según lo que Él dice que es cierto. Sin embargo, también debemos ser receptivos a la posibilidad de que haya un problema orgánico cerebral como encefalitis, otra infección viral o un desequilibrio químico que viene de un cuerpo en deterioro que vive en un mundo caído.

Existe también la posibilidad de que algunas personas tendrán que vivir por largos períodos con las consecuencias físicas de la depresión. Esto podría ocasionar daños perdurables en sus sistemas neurológicos. Tal vez necesiten ciertos medicamentos por el resto de sus vidas. El asunto es parecido a los alcohólicos que han hecho daños irreparables a sus hígados. El Señor podría curar a tal persona en respuesta a la oración, pero las Escrituras no dan seguridad absoluta de que eso ocurra. Si desaparecieran las consecuencias naturales, habría poco incentivo para que no pequemos ni para que no creamos de manera incorrecta.

Nuestra cultura occidental nos ha programado para explorar primero toda explicación natural. Si no se halla explicación, no queda nada más que hacer sino orar. Sin embargo, la Biblia se interpreta de modo distinto. En el contexto de explicar cómo la fe en Dios es la respuesta para la ansiedad, Jesús concluye:

> Buscad primeramente el reino de Dios y su justicia, y todas estas cosas os serán añadidas. Así que, no os afanéis por el día de mañana, porque el día de mañana traerá su afán. Basta a cada día su propio mal (Mateo 6:33-34).

Cuando luchamos con problemas emocionales, vayamos *primero* a Dios, ¡como Él nos pide que hagamos!

CÓMO CAMBIAN NUESTROS PENSAMIENTOS Y NUESTRAS CREENCIAS

En el capítulo dos nos enteramos que el dolor físico es necesario para nuestra supervivencia. De igual modo, la presencia de dolor emocional estimula el proceso de renovación de nuestra mente y desarrollo de nuestro carácter. Miremos al ser interior para tener una comprensión mejor de cómo nuestro pensamiento afecta nuestras emociones.

Aunque tengamos poco dominio directo sobre nuestras emociones, podemos cambiar el modo en que pensamos y lo que creemos. Muchos terapeutas cognitivos seculares como Albert Ellis y Aaron Beck enseñan que nuestras emociones son esencialmente producto de nuestros pensamientos. Creen que la fuente principal de la depresión es la manera en que las personas se ven a sí mismas, además de cómo ven sus circunstancias y el futuro, lo cual hace referencia a la tríada de la depresión. Varios consejeros cristianos como William Backus y David Stoop dicen esencialmente lo mismo.³

La terapia cognitiva (mental) se basa en la premisa de que los individuos hacen lo que hacen y sienten lo que sienten debido a lo que deciden pensar y creer. Por tanto, si queremos cambiar la manera de comportarnos o de sentir debemos cambiar lo que pensamos y creemos. Desde una perspectiva cristiana, eso es arrepentimiento. Si tenemos creencias distorsionadas, falsas o negativas acerca de Dios, de nosotros mismos, y del mundo, discreparemos de lo que el Señor dice acerca de sí mismo, de nosotros y del mundo en que vivimos. Esta «discrepancia» no da en el blanco; es pecado. «Todo lo que no proviene de fe, es pecado» (Romanos 14:23). Los cristianos se arrepienten cuando están de acuerdo con Dios en que lo que creen no es cierto y en que lo que hacen no es correcto, y luego se apartan de esas mentiras y falsas creencias. Confesar es concordar con el Señor. El arrepentimiento ocurre cuando se sustituyen creencias antiguas y mundanas con creencias cristianas basadas en la Palabra de Dios. En el original griego, la palabra «arrepentimiento» significa literalmente «cambio de mentalidad», lo cual debe suceder si hemos de vivir una vida liberada en Cristo.

Cuán importante es la verdad

Volviendo a la historia en el inicio de este capítulo, Jim estaba deprimido porque creía una mentira acerca de sí mismo y de su condición económica. Decidió creer que se estaba «hundiendo», aunque eso no era cierto. La fallida inversión económica y la posible pérdida de dinero no ocasionaron la depresión. Más bien la ocasionaron su interpretación de los hechos y las mentiras que creía acerca de él mismo. Cuando me senté a escuchar la historia de Jim, no tenía sentido para mí que se estuviera sintiendo deprimido debido a su situación económica, la cual en esa época era mucho mejor que la mía. En esa ocasión pensé: *Económicamente estás mejor que yo, de modo que no hay un buen motivo para que estés deprimido.* Decir a las personas que no se deben sentir de cierta manera no solo es menos que útil sino también condenatorio. Es mejor y más exacto sugerir que quizá no estén interpretando correctamente la información, o que no están viendo la situación desde la perspectiva adecuada. Si lo que una persona cree no se conforma a la verdad, entonces lo que siente no se conforma a la realidad. La gran mayoría de las personas en todo el mundo tendrían muchos más motivos que Jim para estar deprimidas por sus finanzas, pero él no podía cambiar su manera de sentirse; ninguno de nosotros puede hacerlo. Para empeorar el asunto, el hospital de veteranos lo había medicado hasta el punto de insensibilizarlo, pero nunca hicieron la conexión entre sus pensamientos y sus sentimientos.

Suponga usted que ha estado empleado la mayor parte de su vida adulta por una empresa importante que está reduciendo personal. El lunes usted recibe un mensaje de su jefe en que le dice que quiere verlo el viernes a las 10:30 A.M. ¿Para qué lo quiere ver el viernes por la mañana? ¿Lo irá a despedir? Si usted cree que así es, al principio quizá se enojará. Cuando empieza a pensar que tal vez lo despedirá o tal vez no, usted se encuentra de doble ánimo y por consiguiente ansioso. Ya el miércoles está seguro de que lo van a despedir, y empieza a sentirse deprimido cuando piensa en lo desesperada que será su situación: *¿Dónde conseguiré un empleo a mi edad? ¿Cómo vamos a pagar la universidad de nuestros hijos?* Para el viernes usted es un ovillo emocional. Cuando entra a la oficina de su jefe, este le dice: «Felicitaciones, te estamos nombrando vicepresidente», ¡y usted se desmaya al instante! Todas las emociones que sintió esa semana no se conformaban a la realidad, porque lo que creyó no reflejaba la verdad.

CÓMO SE LLEVA CAUTIVO TODO PENSAMIENTO

Los pensamientos más dañinos que albergamos son mentiras acerca de nosotros mismos y de Dios (vea el capítulo cuatro). El apóstol Pablo hace una conexión crítica en 2 Corintios entre los pensamientos que tenemos hacia Dios y la continua batalla espiritual que pueda librarse en nuestra mente:

> Aunque vivimos en el mundo, no libramos batallas como lo hace el mundo. Las armas con que luchamos no son del mundo, sino que tienen el poder divino para derribar fortalezas. Destruimos argumentos y toda altivez que se levanta contra el conocimiento de Dios, y llevamos cautivo todo pensamiento para que se someta a Cristo (10:3-5, *NIV*).

Los programadores de computación siempre dicen que «basura que entra, basura que sale». Si ponemos basura en nuestra mente llevaremos una vida muy pestilente. Jesús dijo: «El hombre bueno, del buen tesoro de su corazón saca lo bueno; y el hombre malo, del mal tesoro de su corazón saca lo malo; porque de la abundancia del corazón habla la boca» (Lucas 6:45). Debemos tener mucho cuidado de lo que ponemos en nuestra mente. No importa que nuestros pensamientos se originen en la televisión, la radio, un libro, un orador, nuestro propio banco de recuerdos, una fosa, o si son pensamientos originales de nuestra propiedad. Debemos llevar todo pensamiento cautivo a la obediencia a Cristo.

Si lo que usted cree no es verdad según la Palabra de Dios, no ponga atención a sus pensamientos. En vez de eso, haga lo que el apóstol Pablo dice: «Por lo demás, hermanos, todo lo que es verdadero, todo lo honesto, todo lo justo, todo lo puro, todo lo amable, todo lo que es de buen nombre; si hay virtud alguna, si algo digno de alabanza, en esto pensad» (Filipenses 4:8). Uno no se deshace de pensamientos negativos tratando de no pensar en ellos; unos los vence escogiendo la verdad hasta que esta cubra y reemplace por completo los pensamientos negativos. Si quiere experimentar la libertad que Cristo compró para usted, y la paz mental que sobrepasa todo entendimiento (vea Filipenses 4:7), decida tener solamente pensamientos que se alineen a la perfección con la Palabra de Dios.

CÓMO SE DETECTAN LOS VIRUS

A los dueños de computadoras se les ha advertido acerca del potencial de que sus ordenadores contraigan un virus. Un virus puede pasar desapercibido y causar graves daños a programas ya cargados en la computadora. De la misma manera, no siempre es fácil detectar un virus en nuestro sistema de creencias, porque la estrategia más importante del enemigo es el engaño. Como creyentes no debemos poner atención a pensamientos tentadores, acusadores y engañosos. Debemos ponernos la armadura de Dios, tomar el escudo de la fe y estar firmes contra los fieros dardos de Satanás dirigidos hacia nuestra mente.

El plan más astuto de Satanás es el engaño, porque nos damos cuenta cuando nos están tentando, y nos damos cuenta cuando nos están acusando, pero no cuando nos están engañando. Desde el mismísimo inicio Satanás ha estado engañándonos. En el huerto del Edén, Satanás a Eva y esta creyó la mentira. Por eso Jesús ora por quienes lo siguen: «No ruego que los quites del mundo, sino que los guardes del mal. Santifícalos en tu verdad; tu palabra es verdad» (Juan 17:15,17). Pablo escribió: «Temo que como la serpiente con su astucia engañó a Eva, vuestros sentidos sean de alguna manera extraviados de la sincera fidelidad a Cristo» (2 Corintios 11:3). Al comentar sobre los últimos días de la era de la Iglesia, Pablo escribe: «El Espíritu dice claramente que en los postreros tiempos algunos apostatarán de la fe, escuchando a espíritus engañadores y a doctrinas de demonios» (1 Timoteo 4:1).

Hemos visto evidencia de esto en todo el mundo. La gente lucha con sus pensamientos, tiene dificultad de concentrarse y oye «voces».

Estas «voces», o pensamientos negativos, por lo general son condenatorios, suicidas, delirantes, blasfemos y fóbicos, y dan como resultado sentimientos de culpa, desesperanza, tristeza y profunda desesperación. Estos síntomas bipolares y unipolares son lo que los terapeutas asocian típicamente con personas muy deprimidas. Si alguien tuviera esa clase de pensamientos es obvio que se deprimiría. Si un individuo con depresión hablara de estos síntomas con un terapeuta o un médico secular, estos supondrían que la causa sería un desequilibrio químico, y pondrían al paciente bajo alguna clase de fármaco antipsicótico o antidepresivo.

Debemos tener cuidado de no descartar la necesidad de medicamentos, pero es necesario hacer preguntas serias. ¿Cómo puede un químico producir una personalidad o un pensamiento, y cómo pueden nuestros neurotransmisores disparar al azar en tal manera que produce un pensamiento que no queremos tener? Ese concepto es difícil de creer. Debería ser mucho más fácil para los cristianos creer que esos pensamientos negativos son estratagemas de la carne aprendidas por vivir en un mundo caído, o dardos de fuego de Satanás, contra los cuales la Biblia nos advierte claramente. Un terapeuta con una filosofía secular de la vida ni siquiera considera tal posibilidad.

Los pensamientos de condenación, blasfemia o engaño revelan con frecuencia una batalla por la mente. En tales casos, ayudamos a las personas a resolver sus conflictos personales y espirituales mediante el sometimiento a Dios y la oposición al diablo (vea Santiago 4:7). La intervención que usamos constituye Los Pasos Hacia la Libertad en Cristo. Potencialmente todo cristiano recién nacido debe poder experimentar que «la paz de Dios, que sobrepasa todo entendimiento, guardará vuestros corazones y vuestros pensamientos en Cristo Jesús» (Filipenses 4:7). La mayoría de los cristianos, sin embargo, no están experimentando su libertad en Cristo, pero podrían. Dios desea esto para todos sus hijos.

Al final de una conferencia llamada Cómo Vivir Libres en Cristo (una conferencia de Ministerios Libertad en Cristo), a los asistentes se les dio la oportunidad de pasar por los Pasos. Más o menos procesaron 85% en la última sesión de grupo. Al resto se le ofreció una cita para una sesión privada con personal bien capacitado; a estos últimos participantes se les hizo un examen por anticipado y otro examen tres meses después, los cuales mostraron los siguientes resultados en porcentaje de mejoría:

Diagrama 3.2

	Oklahoma City, OK	Tyler, TX
Depresión	44%	57%
Ansiedad	45	54
Temor	48	49
Enojo	36	55
Pensamientos atormentadores	51	50
Hábitos negativos	48	53
Sensación de valía personal	52	56

Jesús es el consejero admirable. Solo Él puede otorgar arrepentimiento que conduce al conocimiento de la verdad (vea 2 Timoteo 2:25), a liberar a los quebrantados de corazón y a libertar a los cautivos. Es importante recordar que los Pasos no liberan. Quien lo hace es Cristo, y lo que lo libera a usted es que usted le corresponda con arrepentimiento y fe. Sin duda que este proceso de ayudar a las personas a arrepentirse no es nuevo, pero a menudo se le hace caso omiso al ayudar a quienes luchan, lo cual tal vez sea la razón de que nuestra sociedad experimenta una epidemia de depresión. No podemos experimentar el fruto del Espíritu si creemos una mentira, si coqueteamos con el ocultismo, si nos aferramos a nuestra amargura, si nos hundimos en el orgullo, si vivimos en rebelión o si pecamos. La mente deprimida está invadida de pensamientos engañosos y de creencias erróneas que se fortalecen en contradicciones y mentiras. Esos asuntos se deben resolver para experimentar la paz de Dios, la cual protege nuestro corazón y nuestra mente. Como ilustración, lea el siguiente testimonio que dio un amigo de nuestro ministerio:

Hace un año Simón cayó cautivo de grave depresión. Los médicos hicieron lo que pudieron, pero sin muchos resultados. De vez en cuando tuve la oportunidad de hablar con él acerca del amor de Cristo, pero él no era muy receptivo. El otoño pasado comenzamos a reunirnos con más frecuencia, pero yo siempre salía frustrado. Nada parecía cambiar, y nuestras conversaciones transcurrían repitiendo los mismos temas mórbidos. Sin embargo, Dios usó esos momentos para mostrarme que yo estaba confiando demasiado en mis propios esfuerzos, y apenas lo suficiente en su poder para realizar cambios. En desesperación, me sentí impulsado a buscar al Señor de una manera más profunda por medio de la oración. Dios obró en la visión distorsionada de la verdad que tenía Simón, al mismo tiempo el Señor cortaba el orgullo que había en mi corazón. Poco antes de Navidad, Simón tomó la decisión de recibir a Cristo como Señor y Salvador. No obstante, su depresión solo mejoró un poco.

Simón tenía un historial de ocultismo y participación en nueva era, y se hizo evidente que había opresión demoníaca en su vida. Por esto le presté *Rompiendo las cadenas*. Al final del libro se invita al creyente a pasar por los siete Pasos hacia la libertad en Cristo. Le dije a Simón que yo le ayudaría a dar los Pasos cuando regresara de un viaje. Durante nuestro tiempo de separación, lo llamé para ver cómo le estaba yendo. La voz que me contestó estaba cambiada. Simón no me había esperado para dar los Pasos. Los había dado por su cuenta la noche anterior. Desaparecieron los antiguos pensamientos que habían llenado su mente por completo. Lo escuché reír por primera vez. Alabado sea el Señor.

CAPÍTULO 4

LA BASE DE LA ESPERANZA

Amado:
Estoy segura de que voy a enloquecer de nuevo. Siento que no podré soportar otro de esos terribles momentos. Esta vez no me recuperaré. Empiezo a oír voces, y no logro concentrarme. Por eso estoy haciendo lo que mejor parece. Me has dado la mayor felicidad posible. En todo aspecto fuiste lo máximo que alguien podría ser. No creo que dos personas pudieron haber sido más felices hasta que sobrevino este terrible mal. Ya no puedo luchar más.
VIRGINIA WOOLF, ÚLTIMA CARTA A SU ESPOSO

La cita anterior corresponde a las primeras líneas de la película *Las Horas*.[1] Esta describe la vida y la trágica muerte de la escritora Virginia Woolf, y otras dos historias relacionadas. La película reveló la conexión entre las tres historias, cada una de las cuales se centra alrededor de personajes femeninos que luchan con depresión. Una de estas mujeres se suicida. Otro de los personajes, que también se mata, interpretado por Ed Harris, se refiere a la interminable agonía como «horas». Horas y horas de tormento que no parecía tener fin. Lo menos que podemos preguntarnos es si Virginia Woolf estaba poniendo atención a un espíritu engañoso. Basados en nuestra experiencia de aconsejar a centenares de personas, creemos que quizá era así. Cuán trágico, porque esto se puede solucionar.

La depresión es una sensación de desesperanza. Si yo quisiera quitarle a usted la esperanza, lo único que debería hacer es distorsionar su concepto del Señor, y su entendimiento de quién es usted como hijo de Dios. Pregunte a personas que han estado deprimidas por algún tiempo cuál es su concepto del Señor y qué creen de sí mismas. Oirá a individuos que cuestionan a Dios y a la salvación, o que creen cosas que no son ciertas acerca de sí mismos y del Señor. Visite un pabellón psiquiátrico en un hospital y descubrirá personas muy religiosas, pero que por lo general lo que creen acerca de sí mismas y de Dios es totalmente distorsionado. Para ilustrar este asunto, lea Salmo 13:

¿Hasta cuándo, Jehová? ¿Me olvidarás para siempre? ¿Hasta cuándo esconderás tu rostro de mí? ¿Hasta cuándo pondré consejos en mi alma, con tristezas en mi corazón cada día? ¿Hasta cuándo será enaltecido mi enemigo sobre mí? Mira, respóndeme, oh Jehová Dios mío; alumbra mis ojos, para que no duerma de muerte; para que no diga mi enemigo: Lo vencí. Mis enemigos se alegrarían, si yo resbalara. Mas yo en tu misericordia he confiado; mi corazón se alegrará en tu salvación. Cantaré a Jehová, porque me ha hecho bien.

David expresa síntomas clásicos de depresión, entre ellos desesperanza, plática negativa consigo mismo, tristeza y pensamientos de muerte. Aunque cree en Dios, está deprimido porque lo que cree acerca del Señor no es cierto. ¿Cómo puede un Dios omnipresente y omnisciente olvidar a David aunque sea por un instante, mucho menos por siempre? Hablar de «consejos en mi alma» no es más que hablar consigo mismo o cavilación mental, lo cual es improductivo. Finalmente David pide a Dios que alumbre sus ojos, y para el final del Salmo 13 le ha vuelto la razón. David recuerda que confía en la misericordia del Señor; luego expresa esperanza en que su corazón se alegrará de nuevo, y ejercita la voluntad del Señor cantándole.

Elimine conceptos distorsionados

Igual que todas las demás percepciones de la realidad, mucho de lo que creemos acerca de Dios se formó por el ambiente en que nos criamos. Si tuvimos la bendición de habernos criado en un hogar cristiano lleno de amor y donde se daba honra a la Palabra de Dios, nuestras percepciones del Señor podrían ser muy exactas. Sin embargo, algunas iglesias y algunos hogares legalistas que conocen poco de la gracia de Dios pueden producir hijos que tienen un concepto muy distorsionado de su Padre celestial.

Considere la deprimida esposa de un pastor que acudió a verme.

—Amas de veras a Jesús, ¿verdad? —le pregunté.

—Así es —afirmó ella.

—Amas de veras al Espíritu Santo, ¿verdad?

—Sí —concordó de nuevo.

—Pero no te gusta tu Padre celestial, ¿verdad?

La mujer comenzó a llorar. Había tenido una madre que la maltrataba mucho, pero ese no era su problema principal. Su padre era el problema. Él nunca se conmovía, y permitía el maltrato. En su pensamiento distorsionado, eso es lo que hace su Padre celestial.

Le di a la mujer una serie de audiocasetes de A.W. Tozer acerca de los atributos de Dios. Ella los escuchó tres veces, pero el impacto fue nulo. A menudo no basta solo con decir a personas como esta mujer la verdad acerca de Dios y de quiénes son en Cristo. La naturaleza del Señor no cambiará nunca, pero nuestra percepción de Él se ha filtrado a través de la rejilla de una vida en un mundo caído (vea diagrama 4.1). He visto buenos estudiantes de la Biblia señalar hacia el lado izquierdo del diagrama al preguntarles: «¿Qué lado revela la verdadera naturaleza de Dios?» Al preguntarles cómo se sentían acerca del Señor en su experiencia personal, ¡señalaban el lado derecho! En algún momento de su experiencia de crianza dieron cabida a pensamientos falsos acerca de Él. Si lo que creemos no se conforma a la verdad, lo que sentimos no se conforma a la realidad. En consecuencia, existen personas en

> SI LO QUE USTED CREE NO SE CONFORMA A LA VERDAD, ENTONCES LO QUE SIENTE NO SE CONFORMA A LA REALIDAD.

nuestras iglesias que saben de manera intelectual que Dios las ama, pero no se sienten amadas ni salvas. Me atrevo a decir que todos nosotros hemos tenido algún pensamiento que se levanta contra el conocimiento de Dios. La buena noticia es que tenemos divinas y poderosas armas espirituales para derribar las fortalezas mentales del enemigo (vea 2 Corintios 10:3-5).

La verdad acerca de Dios se filtra a través de la rejilla de:

Amoroso y cuidadoso Bondadoso y misericordioso Firme y confiable Dios de gracia incondicional Presente y disponible Dador de buenas dádivas Dios que provee y afirma Dios que acepta Justo e imparcial	1. Ignorancia 2. Falsos profetas y maestros 3. Pensamientos de blasfemia 4. Relación interpersonal malsana durante los primeros años de desarrollo 5. Modelos de figuras de autoridad, en especial padres	Muestra odio e indiferencia Miserable e implacable Imprevisible y no digno de confianza Aprueba condicionalmente Ausente cuando se le necesita Un Dios que nos despoja, «aguafiestas» Crítico y desagradable Dios que rechaza Injusto, parcial

Diagrama 4.1

La verdad sin arrepentimiento lleva a desarrollo estancado e incapacidad de experimentar la libertad que Cristo compró para nosotros en la cruz. Cuando están resueltos nuestros conflictos personales y espirituales, nos conectamos con el Señor. Sabemos quiénes somos en Cristo; la Biblia tiene sentido; y la paz de Dios, que sobrepasa todo entendimiento, protege nuestro corazón y nuestra mente (vea Filipenses 4:7). Cuando pude ayudar a la esposa del pastor a resolver sus conflictos personales y espirituales, pasó emocionalmente del lado derecho del diagrama al izquierdo.

Pablo enseña que nuestros conflictos se deben resolver antes de comprender la Palabra de Dios: «Os di a beber leche, y no vianda; porque *aún no erais capaces*, ni sois capaces todavía, porque aún sois carnales; pues habiendo entre vosotros celos, contiendas y disensiones, ¿no sois carnales, y andáis como hombres?» (1 Corintios 3:2-3, énfasis añadido). Hemos observado esto en todo el mundo. Los cristianos intentan interpretar sus Biblias, pero las palabras no les dicen nada. Tratan de orar, pero es como hablar a la pared. Oyen un mensaje en la iglesia, pero este entra por un oído y sale por el otro.

Todo cristiano nacido de nuevo es un hijo de Dios y una nueva creación en Cristo. El arrepentimiento incompleto, la falta de fe, y los conflictos no resueltos no deberían impedir que experimentemos nuestra libertad en Cristo. Esta falta de conexión con Dios resulta a menudo en depresión. Después de todo, el Señor es nuestra única esperanza. Debemos vivir en armonía con Él si hemos de ser libres de la depresión. Individuos gravemente deprimidos necesitan la ayuda y la objetividad de personal entrenado que los anime. Ese era el caso de una dama que asistió a uno de mis seminarios en Europa. Contó el siguiente testimonio:

Nací y me crié en un hogar «cristiano» muy legalista y abusivo. Era obligatorio asistir a la iglesia, pero el maltrato físico y emocional que sufrí a manos de mis padres distorsionó mi concepto de Dios. En nuestra iglesia había un enorme cartel que decía:

«Dios es amor». Pero yo no tenía idea de qué era el amor. Si lo que experimentaba en casa era el amor de Dios, no lo quería para nada. Me mudé de casa de mis padres para ir a la universidad y me alejé de Dios. Terminé mi doctorado en psicología y trabajé por veinte años como consejera profesional. Durante ese tiempo sufrí continuamente de depresión. Al final comprendí que no podía ayudarme a mí misma, menos a otros, y por eso me matriculé en psicología educacional y luego en psicología vocacional.

En mi desesperación, empecé a asistir a una iglesia internacional. En una clase de escuela dominical se transmitió una serie de videos de Neil Anderson. Me enteré de quién yo era en Cristo, y finalmente alguien me explicó la batalla que estaba produciéndose en mi mente. Averigüé que en la iglesia había personal de apoyo entrenado que llevaba a la gente a través de Los Pasos Hacia la Libertad en Cristo. Con gran aprensión y mucho temor, saqué una cita. Yo no sabía qué esperar, pero estaba consciente de que no tenía nada que perder y posiblemente mucho que ganar.

Tuve un maravilloso encuentro con Dios. Pude sentir que salían capas de pretensiones de superioridad moral, orgullo, rebelión y pecado. Cada paso fue importante para mí, pero la mayor liberación llegó cuando perdoné a mis padres por su maltrato y por distorsionar mi concepto de Dios. Tan pronto lo hice, supe que era libre de años de vivir atada a las mentiras que creía acerca del Señor y de mí misma. Y me conecté con Él de una manera viva y liberadora. Su Espíritu ya estaba dando testimonio a mi espíritu de que yo era hija de Dios. Quedé libre. Nunca más volví a luchar con la depresión.

Según nuestra experiencia, usted puede ganar la batalla por su mente si está experimentando libertad en Cristo (es decir, no hay conflictos sin resolver entre usted y Dios). Sin embargo, usted no puede ganar la batalla si tiene muchos conflictos personales y espirituales no resueltos. Recuerde que se trata de una lucha continua. He aquí algunas de las mentiras más comunes que atormentan a la gente deprimida:

- No valgo nada y lo mejor sería morirme.
- No valgo la pena ni hay un propósito importante de estar aquí.
- Nunca llegaré a nada.
- Nadie me ama ni se interesa en mí.
- Mi situación es desesperada; no veo más salida que la muerte.
- Soy estúpido; soy tonto; soy feo.
- Soy una total equivocación.
- Dios no me ama, y no me ayudará.
- La vida es lo peor que hay.
- Mi futuro es desesperanzado.
- Nadie me puede ayudar.

Nadie puede arreglar nuestro pasado; ni siquiera Dios hace eso. Sin embargo, el evangelio nos asegura que podemos ser libres del pasado. Los cristianos no son principalmente consecuencia de sus pasados. Al contrario, son principalmente consecuencia de la obra de Cristo en la cruz y de su resurrección. Nuestra identidad principal ya no se basa en quiénes éramos en la carne sino en quiénes somos en Cristo. Si eso no fuera cierto, todo cristiano permanecería como víctima indefensa de su pasado.

ELIMINE LAS FALSAS PERCEPCIONES

Comprender quiénes somos en Cristo, y qué significa ser hijo de Dios, es la base para una vida victoriosa y para vencer la depresión. Nadie puede comportarse constantemente de manera contradictoria con lo que cree acerca de sí mismo. Batallaremos con una mala imagen de nosotros mismos hasta el punto de no vernos del modo en que Dios nos ve. Esas percepciones negativas de nosotros mismos están basadas en mentiras que hemos creído. Existen varias consecuencias previsibles de tener falsas creencias acerca de nosotros mismos.

1. Las falsas creencias corroen nuestra confianza y debilitan nuestra determinación
Muchos individuos deprimidos se consideran perdedores, y deciden creer que no pueden hacer lo necesario para vencer sus problemas. Si creen esa mentira, no darán los pasos necesarios para superar la depresión. Los fracasados fracasan, los perdedores pierden, y los pecadores pecan; pero los hijos de Dios viven de manera justa y lo pueden todo por medio de Cristo que los fortalece. Juan escribió: «Amados, ahora somos hijos de Dios. ... Y todo aquel que tiene esta esperanza en él, se purifica a sí mismo, así como él es puro» (1 Juan 3:2-3). Lo que hacemos no es lo que determina quiénes somos; quiénes somos es lo que determina lo que hacemos. Por eso el Espíritu Santo testifica a nuestro espíritu que somos hijos del Señor (vea Romanos 8:16). «A cuantos lo recibieron, a los que creen en su nombre, les dio el derecho de ser hijos de Dios. Estos no nacen de la sangre, ni por deseos naturales, ni por voluntad humana, sino que nacen de Dios» (Juan 1:12-13, *NVI*).

2. Las falsas creencias nos llevan a buscar nuestra aceptación, nuestra seguridad, y nuestra importancia
En general, las personas establecen su identidad y su valía personal por medio de la apariencia, el desempeño, y la posición social. Por mucho que lo intentemos, aún sufriremos malsana introspección, críticas hostiles, rechazo manifiesto y acusaciones interminables. ¡Eso es deprimente! Nuestra relación con Dios ya ha provisto aceptación, seguridad e importancia. Los cristianos derrotados luchan por lo que ya tienen en Cristo, y con desesperación tratan de llegar a ser alguien que ya son: «Cristo es la piedra viva, rechazada por los seres humanos pero escogida

y preciosa ante Dios. Al acercarse a él, también ustedes son como piedras vivas, con las cuales se está edificando una casa espiritual. De este modo llegan a ser un sacerdocio santo» (1 Pedro 2:4-5, NVI).

3. Las falsas creencias precipitan el temor a fracasar

Tropezar y caer no es fracasar. Tropezar y caer otra vez no es fracasar. Fracaso es cuando decimos que nos empujaron. No existen fracasos imperdonables en el reino de Dios; sin embargo, muchos viven muy por debajo de su potencial debido a que no han aprendido la verdad de quiénes son en Cristo: «Ninguna condenación hay para los que están en *Cristo Jesús*» (Romanos 8:1, énfasis añadido). Posiblemente aprendemos más de nuestras equivocaciones que de nuestros triunfos. Una equivocación se convierte en fracaso solo cuando no aprendemos de ella: «Porque siete veces podrá caer el justo, pero otras tantas se levantará» (Proverbios 24:16, NVI). Si comete un error, levántese de nuevo e inténtelo una y otra vez. No es un asunto de confianza en uno mismo. Nuestra confianza está en Dios. Pablo dice: «Por medio del Espíritu de Dios adoramos, nos enorgullecemos en Cristo Jesús y no ponemos nuestra confianza en esfuerzos humanos» (Filipenses 3:3, NVI).

4. Las falsas creencias nos hacen buscar la aprobación y el aliento de otros

La necesidad de aliento y aprobación es universal. Tan enorme es la necesidad que nos debe acercar a nuestro Padre celestial, porque en este mundo no se nos suplirá de manera perfecta esa necesidad, por mucho que lo intentemos. Jesús llevó una vida perfecta, y todos lo rechazaron. No obstante, tuvo la aprobación de su Padre celestial. Pablo pregunta: «¿Busco ahora el favor de los hombres, o el de Dios? ¿O trato de agradar a los hombres? Pues si todavía agradara a los hombres, no sería siervo de Cristo» (Gálatas 1:10). Si tratamos de agradar a los hombres y de buscar su aprobación, en vez de agradar a Dios, seremos siervos de la humanidad.

No hacemos lo que hacemos con la esperanza de que el Señor pueda aceptarnos algún día. Ya tenemos aprobación y aliento en Cristo, y por eso hacemos lo que hacemos. No trabajamos en la viña con la esperanza de que algún día el Señor pueda amarnos. Ya tenemos su amor incondicional porque somos sus hijos. Por eso trabajamos en la viña.

La Biblia nos advierte que no nos exaltemos (vea Lucas 14:7-11) y que estemos conscientes de aquellos que acarician nuestros egos: «Tales personas no sirven a nuestro Señor Jesucristo, sino a sus propios vientres, y con suaves palabras y lisonjas engañan los corazones de los ingenuos» (Romanos 16:18). La exhortación escrita de Pablo a los tesalonicenses y a nosotros nos recuerda que debemos preocuparnos menos de las opiniones de los demás, y más de lo que Dios piensa: «Así hablamos; no como para agradar a los hombres, sino a Dios, que prueba nuestros corazones. Porque nunca usamos de palabras lisonjeras, como sabéis, ni encubrimos avaricia; Dios es testigo; ni buscamos gloria de los hombres; ni de vosotros, ni de otros» (1 Tesalonicenses 2:4-6).

5. Las falsas creencias nos roban el valor para defender nuestras convicciones y creencias

Alguien con baja autoestima piensa: *Mis opiniones no importan. Si hablo de lo que creo de veras, otros solamente me aplastarán*. Derrumbarse ante el temor del rechazo socava el valor para defender nuestras convicciones. A menudo la gente deprimida se considera débil y cobarde.

6. Las falsas creencias llevan a relaciones de codependencia

En un sentido sano los cristianos son interdependientes, porque tenemos absoluta necesidad de Dios y nos necesitamos unos a otros. Además, estamos bajo la convicción del Señor de amarnos unos a otros (por ejemplo, para suplir mutuamente nuestras necesidades). Sin embargo, esto se vuelve malsano cuando creemos que *no puedo vivir sin ti, sin tu aceptación, sin tu aprobación.* Igualmente es malsano si permitimos que una persona enferma dictamine cómo la debemos amar.

7. Las falsas creencias hacen difícil recibir halagos comunes

Las palabras de aliento, los elogios y los halagos no quitan el terrible dolor que sienten las personas deprimidas. Al no desaparecer su sufrimiento, concluyen (erróneamente) que no son verdaderas las expresiones de elogio o de gratitud. La aceptación y el aliento logran más cuando se dirigen hacia el carácter de esas personas y no hacia su apariencia, desempeño o posición social, y cuando esto refuerza quiénes son en Cristo. Por otra parte, el rechazo y la crítica de cualquier clase contribuyen a su estado depresivo, porque estas actitudes negativas se ajustan a falsas creencias existentes. Las sospechas se confirman cuando aplastamos a alguien deprimido en vez de levantarlo.

Reconozca las actitudes asimiladas

Las personas no entran a este mundo con una sensación intrínseca de valía, y tampoco se sienten intrínsecamente bien acerca de sí mismas. Sin la presencia del Señor en sus vidas, tratan de obtener del mundo esas necesidades básicas. Nadie tuvo padres perfectos, pero según el Dr. Gary Collins, los hijos casi nunca se dañan por errores menores que todo padre comete. Surgen verdaderos sentimientos de inferioridad cuando los padres:

1. critican, avergüenzan, rechazan y castigan repetidamente a sus hijos
2. establecen normas y metas irreales
3. expresan la expectativa de que el hijo fracasará
4. castigan repetida y duramente a los hijos
5. evitan abrazarlos o tocarlos con afecto
6. dan a entender que los hijos son una molestia, tontos o incompetentes

7. los sobreprotegen o dominan, de tal modo que después fracasan cuando se ven obligados a actuar por su cuenta.²

Descarte soluciones inadecuadas

No puedo pensar en un tema que produzca más distorsiones y soluciones inadecuadas que establecer nuestra identidad y levantar nuestra autoestima. «Los consejeros y terapeutas que no son cristianos resaltan la restauración de una sana imagen de sí mismo, la edificación de la autoestima y el realce de la valía personal. Esto es bueno en apariencia. Sin embargo, un examen más detenido revela que el modo de pensar secular a veces produce un individuo autorrealizado, demasiado indulgente sexualmente e independiente de Dios».³ No se consigue nada saliendo adelante sin la ayuda de nadie y halagándonos mutuamente nuestro amor propio. «Los norteamericanos están sitiados por una baja autoestima. En vez de buscar soluciones rápidas de psicólogos populares debemos animar a la gente a buscar su sensación de valía personal a través de Cristo. Imagine las consecuencias de lograr que las personas entiendan que ellas no determinan su valor, sino que este ya lo ha determinado Dios».⁴

Aun entre cristianos oímos muchas soluciones inadecuadas para alcanzar nuestra identidad y sensación de valía. Se ha sugerido que los hombres obtienen su identidad de su trabajo, y las mujeres de tener hijos. Quizá algunos ven eso en Génesis 3, donde se afirma que con dolor la mujer dará a luz hijos y que los hombres deberán trabajar con el sudor del rostro (vea vv. 16, 19). Pero esa es una identidad caída. ¿Qué sucede si un hombre pierde su empleo? ¿Pierde su identidad? ¿Qué ocurre si una mujer no se casa o no puede tener hijos? ¿Pierde su identidad? Dios ya estableció en la creación y en la redención quiénes somos. ¿Qué mejor nombre podría usted labrarse que ser llamado hijo de Dios (vea Juan 1:12)?

¿Obtenemos sensación de valía de los dones espirituales? ¡No! Exactamente en medio de la enseñanza más concluyente sobre dones espirituales, Pablo escribió: «A aquellos [miembros] del cuerpo que nos parecen menos dignos, a estos vestimos más dignamente; y los que en nosotros son menos decorosos, se tratan con más decoro. Porque los que en nosotros son más decorosos, no tienen necesidad; pero Dios ordenó el cuerpo, dando más abundante honor al que le faltaba» (1 Corintios 12:23-24).

¿Conseguimos de nuestros talentos nuestra autoestima? ¡No! Dios ha dado a unos un talento, a otros dos talentos y a otros cinco talentos (vea Mateo 25:14). *Señor, ¿cómo pudiste hacer eso? ¿No sabes, Señor, que solamente los que tienen cinco talentos pueden tener algún legítimo sentido de valía?* Eso no es cierto. Es más, a menudo individuos muy dotados y talentosos luchan más porque con frecuencia establecen su identidad y sensación de valía en dones y talentos, lo cual les puede impedir el desarrollo de su carácter, así como relacionarse con Dios... de quien recibimos identidad y satisfacción verdaderas.

¿Proviene nuestra sensación de valía de nuestra inteligencia? ¡No! «Lo necio del mundo escogió Dios, para avergonzar a los sabios» (1 Corintios 1:27). El Señor no ha distribuido por igual dones, talentos ni inteligencia. Se ha distribuido a sí mismo por igual. Solo en Cristo hay igualdad: «Todos sois hijos de Dios por la fe en Cristo Jesús; porque todos los que habéis sido bautizados en Cristo, de Cristo estáis revestidos. Ya no hay judío ni griego; no hay esclavo ni libre; no hay varón ni mujer; porque todos vosotros sois uno en Cristo Jesús. Y si vosotros sois de Cristo, ciertamente linaje de Abraham sois, y herederos según la promesa» (Gálatas 3:26-29).

Tal vez los más volubles de los fundamentos falsos sean la apariencia, el desempeño y la posición social. La humanidad caída obra bajo las siguientes ecuaciones falsas:

1. Apariencia + Admiración = Una persona completa
2. Desempeño + Logros = Una persona completa
3. Posición social + Reconocimiento = Una persona completa

Reconocimiento no es lo mismo que aceptación, y el respeto que se recibe de otros se podría basar más en posición y posesión que en el carácter del individuo. Por mucho que nos esforcemos, alguien llegará y lucirá mejor o se desempeñará mejor. Los talentos y las apariencias se esfuman con el tiempo. Si luchamos por la aceptación, el reconocimiento o la admiración de otros, son ellos quienes determinan lo que valemos. Si nos juzgan indignos, ¿no valemos entonces? Qué tragedia es poner nuestra identidad y autoestima en manos de otras personas. ¿Quién juzgará nuestro valor? ¿Quién declara que tenemos valor? ¿Puede una vasija declarar a otra vasija su verdadero valor? Solamente el alfarero tiene el derecho de determinar quiénes somos. El valor que puso a nuestra vida le costó su único Hijo. Nosotros más Cristo formamos una persona completa. Ahora estamos completos en Cristo (vea Colosenses 3:10).

Sin duda no hay nada malo en los dones, el talento, la inteligencia, la apariencia, el desempeño y la posición social otorgados de manera correcta. Esos son atributos vitales que nos dio nuestro Creador, de los cuales debemos ser buenos mayordomos. Si alguien nos da un auto nuevo no encontraríamos nuestra identidad y nuestra sensación de valía en el auto. El dador del auto halló valor en nosotros, y por eso nos lo obsequió. No hay compromiso por recibir el regalo, pero querríamos usar el auto de tal modo que mostrara que apreciamos el regalo. Abusar del regalo gratis sería deshonrar al dador.

Escoja la única respuesta

Aunque Pedro se estaba dirigiendo a las esposas, creemos que lo siguiente se aplica a todos los hijos de Dios:

> Vuestro atavío no sea el externo de peinados ostentosos, de adornos de oro o de vestidos lujosos, sino el interno, el del

corazón, en el incorruptible ornato de un espíritu afable y apacible, que es de grande estima delante de Dios (1 Pedro 3:3-4).

Nuestra identidad y autoestima vienen de saber quiénes somos como hijos de Dios, y de convertirnos en la persona que tuvo en mente al crearnos. Nadie ni nada en el planeta Tierra puede impedir que seamos quienes Él diseñó que fuéramos; esa es la voluntad del Señor para nuestras vidas. «La voluntad de Dios es vuestra santificación» (1 Tesalonicenses 4:3).

Si los cristianos supieran quiénes son en Cristo, y si sus vidas se caracterizaran por amor, gozo, paz, paciencia, benignidad, bondad, fe, mansedumbre y templanza, ¿se sentirían bien consigo mismos? Por supuesto que sí. ¿Quién puede tener esas cualidades? Todo hijo de Dios tiene exactamente la misma oportunidad. Ese es el fruto del Espíritu (vea Gálatas 5:22-23), del que todo cristiano es portador. Tales características no pueden llegar por medio del mundo, la carne o el diablo. Solo pueden venir al estar en Cristo y caminar por fe según lo que el Señor dice que es cierto en el poder del Espíritu Santo.

Pablo manifestó: «Mi Dios, pues, suplirá todo lo que os falta conforme a sus riquezas en gloria en Cristo Jesús» (Filipenses 4:19). Las necesidades más críticas son las de «ser», y son las que se suplen de la manera más maravillosa en Cristo. La más grande necesidad es la vida misma, y Jesús vino para que tuviéramos vida (es decir, vida espiritual). El Espíritu Santo resuelve nuestro problema de identidad cuando testifica a nuestro espíritu que somos hijos de Dios. Para ser aceptados, y tener seguridad e importancia, debemos volvernos al Señor, y solo a Él. En el libro *Who I Am in Christ* [Quién soy en Cristo] (Regal Books, 2001) traté de mostrar cómo las necesidades del ser se suplen en Cristo. El siguiente bosquejo del libro no solamente revela quiénes somos en Cristo sino cómo se suplen esas necesidades:

EN CRISTO

Soy aceptado en Cristo

Juan 1:12	Soy hijo de Dios.
Juan 15:15	Soy amigo de Cristo.
Romanos 5:1	He sido justificado.
1 Corintios 6:17	Estoy unido con el Señor, y soy uno con Él en espíritu.
1 Corintios 6:19-20	He sido comprado por precio. Pertenezco a Dios.
1 Corintios 12:27	Soy miembro del Cuerpo de Cristo.
Efesios 1:1	Soy un santo.
Efesios 1:5	He sido adoptado como hijo de Dios.
Efesios 2:18	Tengo acceso directo a Dios por medio del Espíritu Santo.
Colosenses 1:14	He sido redimido y perdonado de todos mis pecados.
Colosenses 2:10	Soy completo en Cristo.

Tengo seguridad en Cristo

Romanos 8:1-2	Soy libre de condenación.
Romanos 8:28	Sé que todas las cosas obran para bien.
Romanos 8:31-34	Soy libre de cualquier acusación condenatoria contra mí.
Romanos 8:35-39	Nada me puede separar del amor de Dios.
2 Corintios 1:21-22	El Señor me ha establecido, ungido y sellado.
Filipenses 1:6	Tengo confianza de que Dios perfeccionará la buena obra que ha comenzado en mí.

Filipenses 3:20	Soy ciudadano del cielo.
Colosenses 3:3	Estoy escondido con Cristo en Dios.
2 Timoteo 1:7	No se me ha dado espíritu de temor sino de poder, amor y dominio propio.
Hebreos 4:16	Puedo hallar gracia y misericordia para que me ayuden en momentos de necesidad.
1 Juan 5:18	Soy nacido de Dios, y el diablo no puede tocarme.

Soy importante en Cristo

Mateo 5:13-14	Soy la sal y la luz de la tierra.
Juan 15:1,5	Soy un pámpano de la vid verdadera, un canal de su vida.
Juan 15:16	Se me ha elegido para llevar fruto.
Hechos 1:8	Soy testigo personal de Cristo.
1 Corintios 3:16	Soy templo de Dios.
2 Corintios 5:17-21	Soy un ministro de reconciliación de Dios.
2 Corintios 6:1	Soy colaborador de Dios.
Efesios 2:6	Estoy sentado con Cristo en el reino celestial.
Efesios 2:10	Soy hechura de Dios.
Efesios 3:12	Puedo acercarme a Dios con seguridad y confianza.
Filipenses 4:13	Todo lo puedo por medio de Cristo que me fortalece.

Sentir la gracia divina —la analogía cristiana de la «opinión positiva incondicional» de la psicología— es ser liberados del orgullo autoprotector y de la autocondenación. Sentirse profundamente aprobados, así como somos, disminuye nuestra necesidad de definir nuestro valor en cuanto a logros, prestigio o bienestar material y físico. Es como si el inseguro Pinocho dijera a su hacedor, Geppetto: «Papá, no estoy seguro de quién soy. Pero si estoy bien contigo, supongo que estoy bien conmigo mismo».[5]

CAPÍTULO 5

CÓMO PODEMOS VENCER LA DESESPERANZA

¿Por qué voy a inquietarme? ¿Por qué me voy a angustiar? En Dios pondré mi esperanza, y todavía lo alabaré. ¡Él es mi Salvador y mi Dios!

SALMO 43:5, NVI

Un muchacho recién adoptado se encuentra en una gran mansión. Su nuevo Padre le susurra al oído: «Esto es tuyo y tienes derecho de estar aquí. Te he hecho coheredero con mi Hijo unigénito. Él pagó el precio que te liberó de quien antiguamente te esclavizaba, el cual era cruel y te castigaba. Compré tu libertad porque te amo». El joven no pudo dejar de cuestionar este increíble regalo: *Esto es demasiado bueno para ser cierto. ¿Qué hice para merecer esto?* —se preguntó—. *He sido esclavo toda la vida, ¡y no he hecho nada para ganar tal privilegio!*

No obstante, el joven estaba profundamente agradecido, y comenzó a explorar todos los cuartos en la mansión. Examinó algunas de las herramientas y los artefactos. En la mansión había muchas otras personas a quienes también habían adoptado. Comenzó a formar nuevas relaciones con sus hermanos y hermanas adoptivos. En especial disfrutaba la mesa de bufé, de la cual comía con libertad. ¡Entonces sucedió! Cuando se alejaba del bufé golpeó un montón de vasos, y una valiosa jarra cayó al suelo y se hizo añicos. De repente comenzó a pensar: *¡Qué torpe y tonto soy! De esta no me escapo. ¿Qué derecho tengo de estar aquí? Mejor es que me esconda antes de que alguien se dé cuenta, porque si no me van a echar de aquí.*

Al principio el muchacho se quedó maravillado de vivir en la mansión con toda una nueva familia y un Padre amoroso, pero ahora estaba confundido. Antiguos recuerdos de su primera infancia comenzaron a saltar en su mente. Estaba lleno de culpa y vergüenza. *¿Quién te crees que eres? ¿Alguna clase de personaje privilegiado? Ya no perteneces aquí; ¡perteneces al sótano!* El antiguo dueño tenía razón acerca de mí, no pertenezco aquí. De modo que descendió al sótano.

El sótano era deprimente, oscuro y desconsolador. La única luz procedía de la puerta abierta en lo alto de las enormes escaleras. El joven oyó que su Padre lo llamaba, pero tenía demasiada vergüenza para contestar. Se sorprendió al ver a otros en el sótano. Arriba todos hablaban entre sí y participaban en cotidianos proyectos divertidos e importantes. Nadie hablaba en el sótano. Estaban demasiado avergonzados. La mayoría de los que estaban en el sótano merecían estar en aquel sitio.

A quienes estaban en el sótano no les gustaba el lugar, pero no veían cómo podrían dirigirse de nuevo a la luz. Si lo hacían, otros verían sus imperfecciones. De vez en cuando llegaban a la puerta viejos amigos y los animaban a volver arriba, donde había un lugar preparado para ellos. Algunos «amigos» eran peores que otros, y regañaban a los del sótano, lo cual únicamente empeoraba la situación. No todo el mundo permanecía en el sótano por la misma razón. Algunos pensaban como lo hizo el muchacho: *Merezco estar aquí. Me dieron una oportunidad, pero la desperdicié.* Otros no pensaban que podían subir las escaleras. Aunque reunieran las fuerzas para intentarlo, probablemente las escaleras se romperían bajo su peso. Siempre tenían una razón para no volver arriba hasta su Padre. Algunos regresaban por poco tiempo, pero no se quedaban lo suficiente para resolver sus conflictos y aprender la verdad que les permitiría quedarse. Por eso regresaban. Incluso otros estaban temerosos de no ser aceptados. Su antiguo amo no los toleraba, ¿cómo podían esperar que el padre adoptivo los acogiera después de lo que habían hecho?

Al principio el muchacho recién adoptado anduvo a tientas en la oscuridad, tratando de encontrar una manera de sobrevivir. Mientras más permanecía en el sótano, más se desvanecía su recuerdo de la vida escaleras arriba, y así ocurría con su esperanza de volver alguna vez. Viejos recuerdos de la infancia cuestionaban el amor de este nuevo Padre, y el joven comenzó a dudar de que alguna vez lo hubieran adoptado. El ruido de las personas que se divertían arriba lo irritaba. Recordaba la luz de arriba que era cálida y acogedora, pero ahora era penetrante y reveladora. Recordó oír decir a su Padre adoptivo: «Los hombres amaron más las tinieblas que la luz, porque sus obras eran malas. Porque todo aquel que hace lo malo, aborrece la luz y no viene a la luz, para que sus obras no sean reprendidas» (Juan 3:19-20).

El muchacho hizo unos cuantos intentos desganados de regresar a la luz, pero finalmente encontró una esquina oscura y se metió en ella. Para sobrevivir comía larvas y musgo de las paredes húmedas. Entonces un día un rayo de luz atravesó su mente y volvió en sí. Comenzó a pensar: *¿Por qué no aprovechar la misericordia de esta persona que se llama a sí mismo mi Padre? ¿Qué tengo que perder? Aun si me hiciera comer de las migajas que caen de la mesa, eso sería mejor que esto.* Decidió correr el riesgo de trepar las escaleras y enfrentarse a su Padre con la verdad de lo que había hecho. «Señor», dijo, «golpeé algunos vasos y rompí una jarra».

Sin pronunciar una palabra, su Padre lo tomó de la mano y lo llevó al comedor. Para su total asombro su Padre le había preparado un banquete. «Bienvenido», le dijo. «Ninguna condenación hay para los que están en Cristo Jesús» (Romanos 8:1).

Ah, el profundo, profundo amor de Jesús, y la incomparable gracia de Dios. La puerta siempre está abierta para quienes están dispuestos a ir hacia la misericordia de Dios. «En amor nos predestinó para ser adoptados como hijos suyos por medio de Jesucristo, según el buen propósito de su voluntad, para alabanza de su gloriosa gracia, que nos concedió en su Amado» (Efesios 1:4-6, *NVI*). El Señor no quiere que vivamos autocondenados en el sótano. Desea hacernos saber que estamos sentados con Cristo en lugares celestiales como coherederos con Jesús: «Si hijos, también herederos; herederos de Dios y coherederos con Cristo, si es que padecemos juntamente con él, para que juntamente con él seamos glorificados» (Romanos 8:17).

ACEPTE LA GRACIA DE DIOS

¿Cómo entiende uno la gracia de Dios? ¿Cómo puede *cualquiera* comprender por completo el amor y la gracia del Señor? Todo lo que aprendemos en el mundo nos enseña lo contrario. Es peligroso llevar una vida natural en este planeta, y sobrevivirán solamente los que mental, emocional y físicamente sean aptos; y la justicia exige que tengamos lo que merecemos. «Pero cuando se manifestó la bondad de Dios nuestro Salvador, y su amor para con los hombres, nos salvó, no por obras de justicia que nosotros hubiéramos hecho, sino por su misericordia» (Tito 3:4-5).

Inspirado en el Espíritu Santo, Pablo ofrece dos oraciones en el libro de Efesios. Primero eleva una petición a Dios para que abra nuestros ojos a quiénes somos y a la rica herencia que tenemos en Cristo: «Pido también que les sean iluminados los ojos del corazón para que sepan a qué esperanza él los ha llamado, cuál es la riqueza de su gloriosa herencia entre los santos, y cuán incomparable es la grandeza de su poder a favor de los que creemos» (Efesios 1:18-19, *NVI*).

En la segunda oración eleva a Dios una petición a nuestro favor. Personalice esta oración poniendo su nombre en los espacios asignados:

> *Por esta razón me arrodillo delante del Padre, de quien recibe nombre toda familia en el cielo y en la tierra. Le pido que, por medio del Espíritu y con el poder que procede de sus gloriosas riquezas, fortalezca a _____ en lo íntimo de su ser, para que por fe Cristo habite en el corazón de _____. Y pido que_____, arraigado y cimentado en amor, pueda comprender, junto con todos los santos, cuán ancho y largo, alto y profundo es el amor de Cristo; en fin, que_____ conozca ese amor que sobrepasa nuestro conocimiento, para que sea lleno de la plenitud de Dios* (vea Efesios 3:14-19, *NVI*).

Los inconversos son culpables ante un Dios santo, y nada pueden hacer al respecto. Fallará todo intento de vivir de manera justa por sus propias fuerzas. Sin embargo, ya está pagada por completo la pena por el pecado de todo cristiano nacido de nuevo. Podemos sentir una culpa psicológica cuando hacemos algo que viola nuestra conciencia (la mente). No obstante, la culpa psicológica no es lo mismo que la obra de convicción del Espíritu Santo. Hasta los inconversos tienen conciencia, y cuando la violan sienten vergüenza o culpa. El proceso de renovación de la mente hará que la conciencia del creyente se conforme a la naturaleza del carácter de Dios.

Cuando el diablo nos tienta a pecar, rápidamente cambia su papel y se convierte en el acusador. *Nunca escaparás de esto. ¿Cómo te puedes considerar siquiera cristiano si haces esa clase de cosas?* El Señor ha perdonado nuestros pecados y ha derrotado al diablo, como Pablo afirma claramente:

A vosotros, estando muertos en pecados y en la incircuncisión de vuestra carne, os dio vida juntamente con él, perdonándoos todos los pecados, anulando el acta de los decretos que había contra nosotros, que nos era contraria, quitándola de en medio y clavándola en la cruz, y despojando a los principados y a las potestades, los exhibió públicamente, triunfando sobre ellos en la cruz (Colosenses 2:13-15).

El Señor no nos tentará, pero nos probará para perfeccionar nuestra fe. También nos convencerá de pecado para limpiarnos de toda maldad. ¿Cómo entonces podemos conocer la diferencia entre la obra de convicción del Espíritu Santo y las acusaciones del diablo, o una conciencia condenatoria que el mundo ha programado? Pablo contesta esta pregunta en 2 Corintios 7-9-10: «Ahora me gozo, no porque hayáis sido contristados, sino porque fuisteis contristados para arrepentimiento; porque habéis sido contristados según Dios, para que ninguna pérdida padecieseis por nuestra parte. Porque la tristeza que es según Dios produce arrepentimiento para salvación, de que no hay que arrepentirse; pero la tristeza del mundo produce muerte».

La palabra «tristeza» se usa para describir tanto la convicción de Dios como la falsa culpa producida por el mundo, la carne y el diablo. En otras palabras, la convicción y la falsa culpa se podrían sentir igual, pero el resultado final es totalmente distinto. La convicción de Dios lleva a arrepentimiento sin lamento. Esta es una maravillosa verdad que hemos presenciado muchas veces. Nunca he visto a alguien lamentarse de pasar por Los Pasos Hacia la Libertad en Cristo a fin de resolver conflictos personales y espirituales a través del arrepentimiento y la fe en Dios. Lo que queda en las personas después de pasar por los Pasos es la libertad que experimentan, no el dolor del pasado. Su sufrimiento pasado fue clavado en la cruz. Pedro traicionó a Jesús negándolo tres veces. Más tarde cayó bajo la convicción del Espíritu Santo y se convirtió en el vocero de la iglesia primitiva. Judas traicionó a Cristo. Después cayó bajo la tristeza del mundo y se ahorcó.

Rechace las mentiras de desesperanza

Una mujer describió de manera acertada la desesperanza que acompaña a la depresión: «Es como si estuviera en un pozo de trescientos metros de profundidad. Desde el fondo miro hacia arriba y veo una tenue luz del tamaño de un agujerito. No tengo escalera ni cuerda, y no hay forma de salir». La depresión es desesperanza basada en una mentira. Con Dios siempre hay esperanza basada en la verdad. Según Hebreos 6:13-20, el Señor se juega su propia credibilidad en el hecho de que nuestra esperanza está en Él:

> Cuando Dios hizo la promesa a Abraham, no pudiendo jurar por otro mayor, juró por sí mismo, diciendo: De cierto te bendeciré con abundancia y te multiplicaré grandemente. Y habiendo esperado con paciencia, alcanzó la promesa. Porque los hombres ciertamente juran por uno mayor que ellos, y para ellos el fin de toda controversia es el juramento para confirmación. Por lo cual, queriendo Dios mostrar más abundantemente a los herederos de la promesa la inmutabilidad de su consejo, interpuso juramento; para que por dos cosas inmutables, en las cuales es imposible que Dios mienta, tengamos un fortísimo consuelo los que hemos acudido para asirnos de la esperanza puesta delante de nosotros. La cual tenemos como segura y firme ancla del alma, y que penetra hasta dentro del velo, donde Jesús entró por nosotros como precursor.

Los dos aspectos invariables son la promesa de Dios, y el juramento que confirma su promesa. Nuestra esperanza en Dios es el ancla para nuestra alma y la respuesta para la depresión. Si Él no puede mentir, entonces la base para nuestra esperanza se halla en la verdad de su naturaleza, de su carácter, y de la Palabra. El Señor no puede cambiar, pero sí nuestra percepción de Él, lo cual afecta en gran manera el modo en que nos sentimos. Para ilustrar esto observe a Jeremías, quien está deprimido debido a sus distorsionadas percepciones de Dios:

> Yo soy el hombre que ha visto aflicción bajo el látigo de su enojo. Me guió y me llevó en tinieblas, y no en luz; ciertamente contra mí volvió y revolvió su mano todo el día. Hizo envejecer mi carne y mi piel; quebrantó mis huesos; edificó baluartes contra mí, y me rodeó de amargura y de trabajo. Me dejó en oscuridad, como los ya muertos de mucho tiempo (Lamentaciones 3:1-6).

Jeremías cree que Dios es la causa de sus dificultades físicas y emocionales. Cree de veras que el Señor está allí para condenarlo cuando en realidad está allí para restaurarlo. En vez de sentir que Dios lo ha guiado, se siente llevado a lugares oscuros donde el Señor lo ha abandonado. ¡Jeremías está en el sótano! Reflexione en estos sentimientos de estar atrapado, sin esperanza y en temor:

> Me cercó por todos lados, y no puedo salir; ha hecho más pesadas mis cadenas; aun cuando clamé y di voces, cerró los oídos a mi oración; cercó mis caminos con piedra labrada, torció mis senderos. Fue para mí como oso que acecha, como león en escondrijos; torció mis caminos, y me despedazó; me dejó desolado. Y dije: Perecieron mis fuerzas, y mi esperanza en Jehová (vv. 7-11,18).

Jeremías estaba deprimido porque su percepción de Dios era errónea. El Señor no era la causa de su aflicción. No estableció las circunstancias para amargarle la vida. Dios no es una bestia salvaje que espera destrozar a la gente, pero Jeremías pensó que sí lo era, y en consecuencia perdió su esperanza en el Señor. Sin embargo, todo cambió de repente:

Recuerda que ando errante y afligido, que me embargan la hiel y la amargura. Siempre tengo esto presente, y por eso me deprimo. Pero algo más me viene a la memoria, lo cual me llena de esperanza: El gran amor del SEÑOR nunca se acaba, y su compasión jamás se agota. Cada mañana se renuevan sus bondades; ¡muy grande es su fidelidad! Por tanto, digo: «El SEÑOR es todo lo que tengo. ¡En él esperaré!» Bueno es el SEÑOR con quienes en él confían, con todos los que lo buscan. Bueno es esperar calladamente a que el SEÑOR venga a salvarnos (vv. 19-26, *NVI*).

Nada cambió exteriormente en la experiencia de Jeremías; lo único que cambió fue su reconocimiento de Dios. Ganó la batalla por su mente al recordar lo que reconoció verdadero acerca del Señor. La esperanza vuelve cuando decidimos creer la verdadera naturaleza y el verdadero carácter de Dios, por lo cual es necesario adorarlo. Nuestro Padre celestial no necesita que le digamos quién es Él. Lo adoramos porque debemos recordar constantemente sus atributos divinos.

El escritor de Hebreos afirmó: «Es, pues, la fe la certeza de lo que se espera, la convicción de lo que no se ve» (11:1). Martín Lutero expresó: «Todo lo que se hace en el mundo se hace en esperanza. Ningún agricultor sembraría un grano de maíz si no esperara que germinara y creciera; ningún soltero se casaría si no esperara tener hijos; ningún comerciante o mercader trabajaría si no esperara obtener beneficios».[1]

Se puede ilustrar la esperanza de muchas maneras prácticas. Suponga que usted espera abordar el próximo autobús programado para las 11:00 A.M. Sale de casa a las 10:45 A.M., concediéndose tiempo suficiente para caminar sin prisa. Camina por fe hacia la parada de buses con la esperanza de que el vehículo llegue a tiempo, y que el horario sea correcto. Su esperanza se hará añicos si el bus está atrasado o si el horario está mal. Usted perderá la fe en el sistema de transporte público. Y si usted se atrasa y cree que no tiene esperanza de abordar el próximo autobús, no procederá por fe. Eso sería una necedad. ¿Y qué pasaría si creyera no tener esperanza de ser amado, no tener esperanza de vida eterna, no esperanza de cambio, no esperanza de un futuro y no esperanza de disfrutar la vida? Probablemente se deprimiría y no estaría muy dispuesto a seguir viviendo por fe.

> NUESTRA ESPERANZA EN DIOS ES EL ANCLA PARA NUESTRA ALMA Y LA RESPUESTA PARA LA DEPRESIÓN.

La esperanza bíblica no es una ilusión; es la total certeza de algo bueno en el futuro basada en la verdadera naturaleza y el verdadero carácter de Dios. Recuerde que nuestra esperanza está en el Señor, no en la humanidad ni en las circunstancias de la vida. Su Palabra es verdad; podemos confiar en sus promesas y apropiárnoslas con confianza. Él no puede romper su nuevo pacto que nos asegura su presencia dentro de nosotros y perdón de nuestros pecados (vea Hebreos 8:8-13). Matthew Henry dijo: «La razón de nuestra esperanza es Cristo en el mundo, pero la evidencia de nuestra esperanza es Cristo en el corazón».[2] «A quienes Dios quiso dar a conocer las riquezas de la gloria de este misterio entre los gentiles; que es Cristo en vosotros, la esperanza de gloria» (Colosenses 1:27). La presencia de Cristo dentro de nosotros es lo que cambia nuestro estado de ánimo y nuestra percepción de la realidad. «¿Por qué te abates, oh alma mía, y te turbas dentro de mí? Espera en Dios; porque aún he de alabarle, salvación mía y Dios mío» (Salmo 42:5).

BUSQUE LA VERDAD DE DIOS

Una sensación de desesperanza es una reacción emocional a cómo nos percibimos, a las circunstancias que nos rodean y al futuro. El estado emocional resultante no está basado en la realidad, ni se percibe sinceramente desde la perspectiva de Dios. Alguien dijo una vez que la vida con Cristo es una esperanza sin final, pero la vida sin Cristo es un final sin esperanza. El mundo está lleno de negativistas, de circunstancias adversas y de obstáculos que a menudo no vemos. La esperanza es la madre de la fe, la evidencia de cosas que no se ven. Es necesario establecer y mantener la esperanza bíblica si hemos de experimentar libertad de la depresión. Para tener guía en el laberinto de la vida, debemos conocer la verdad de la Palabra de Dios, y dejarnos llevar por el Espíritu Santo,

Parece más fácil lanzar la toalla cuando nuestra salud está fallando y las circunstancias son negativas. Una de las características más importantes del agotamiento es la pérdida de esperanza.[3] A menos que queramos estar deprimidos, es esencial mantener nuestra esperanza al enfrentar circunstancias difíciles. El Señor llamó a Nehemías a reconstruir el muro protector alrededor de Jerusalén. Además de tener dificultades aparentemente insuperables, Sanbalat y Tobías se burlaron de Nehemías tratando de crear en él una sensación de desesperanza:

> Cuando oyó Sanbalat que nosotros edificábamos el muro, se enojó y se enfureció en gran manera, e hizo escarnio de los judíos. Y habló delante de sus hermanos y del ejército de Samaria, y dijo: ¿Qué hacen estos débiles judíos? ¿Se les permitirá volver a ofrecer sus sacrificios? ¿Acabarán en un día? ¿Resucitarán de los montones del polvo las piedras que fueron quemadas? Y estaba junto a él Tobías amonita, el cual dijo: Lo que ellos edifican del muro de piedra, si subiere una zorra lo derribará (Nehemías 4:1-3).

¿Ha estado usted alguna vez en una situación aparentemente imposible donde las voces de sus enemigos (o de su mente) ridiculizaron sus esfuerzos? ¿Qué hizo Nehemías? Oró, puso guardia y siguió trabajando (vea vv. 9-23). Nehemías logró reconstruir los muros, pero sus enemigos no se dieron por vencidos. Él simplemente cambió de estrategia. Sus enemigos vieron una grieta en la armadura, pero Nehemías estaba preparado para el reto:

> Cuando oyeron Sanbalat y Tobías y Gesem el árabe, y los demás de nuestros enemigos, que yo había edificado el muro, y que no quedaba en él portillo (aunque hasta aquel tiempo no había puesto las hojas en las puertas), Sanbalat y Gesem enviaron a decirme: Ven y reunámonos en alguna de las aldeas en el campo de Ono. Mas ellos habían pensado hacerme mal. Y les envié mensajeros, diciendo: Yo hago una gran obra, y no puedo ir; porque cesaría la obra, dejándola yo para ir a vosotros. Y enviaron a mí con el mismo asunto hasta cuatro veces, y yo les respondí de la misma manera (6:1-4).

El diablo es persistente, pero no debemos permitirle que establezca la agenda. No negociemos con el enemigo, ni dejemos que nos distraiga de nuestro llamado en la vida. Frente a la oposición, nuestra respuesta siempre es la misma: Soy un hijo de Dios, salvado por la sangre del Señor Jesucristo, y decido vivir por fe de acuerdo a lo que el Señor dice que es verdadero en el poder del Espíritu Santo.

En este mundo hemos de enfrentar circunstancias negativas y pérdidas inevitables. Nuestra esperanza no se encuentra en nuestra capacidad de vencer estos obstáculos con nuestras fuerzas y nuestros recursos sino con las fuerzas y los recursos de Dios. Nuestra esperanza tampoco yace en la preservación eterna de nuestro cuerpo físico. Nuestra esperanza suprema está en la resurrección. «Teniendo nosotros este ministerio según la misericordia que hemos recibido, no desmayamos. Antes bien renunciamos a lo oculto y vergonzoso, no andando con astucia, ni adulterando la palabra de Dios, sino por la manifestación de la verdad recomendándonos a toda conciencia humana delante de Dios» (2 Corintios 4:1-2). Pablo muestra luego cómo no perder la esperanza en medio de circunstancias negativas y de salud deteriorada:

> Pero tenemos este tesoro en vasos de barro, para que la excelencia del poder sea de Dios, y no de nosotros, que estamos atribulados en todo, mas no angustiados; en apuros, mas no desesperados; perseguidos, mas no desamparados; derribados, pero no destruidos; llevando en el cuerpo siempre por todas partes la muerte de Jesús, para que también la vida de Jesús se manifieste en nuestros cuerpos. Porque nosotros que vivimos, siempre estamos entregados a muerte por causa de Jesús, para que también la vida de Jesús se manifieste en nuestra carne mortal. Por tanto, no desmayamos; antes aunque este nuestro hombre exterior se va desgastando, el interior no obstante se renueva de día en día. Porque esta leve tribulación momentánea produce en nosotros un cada vez más excelente y eterno peso de gloria; no mirando nosotros las cosas que se ven, sino las que no se ven; pues las cosas que se ven son temporales, pero las que no se ven son eternas (2 Corintios 4:7-11,16-18).

El Dr. Victor Frankl, psiquiatra austriaco, observó que un prisionero no vivía mucho tiempo después de perder la esperanza; pero que hasta el más leve rayo de esperanza —el rumor de mejor comida, un susurro acerca de un escape— ayudaba a algunos presos del campamento a seguir viviendo aun bajo horror sistemático.[4] No hay suficiente oscuridad en todo el mundo para apagar la luz de una pequeña vela. La verdad siempre brilla en la oscuridad. Cerramos este capítulo con un testimonio de cómo la luz que brilla en la oscuridad liberó a un cautivo:

> Me crié en una familia piadosa y tuve una infancia muy buena. Recibí a Cristo en mi vida a los veinte años, y me casé con una

cristiana a mis veintidós años. Tuvimos tres hijos, y trabajé en el mismo negocio de excavación que tenían mi padre y mi abuelo. Cuando yo tenía treinta y un años decidí iniciar mi propio negocio. Los primeros dos años fueron fabulosos, y la vida parecía ser muy buena. En la tercera primavera de mi nuevo negocio, me enteré de que mi madre padecía de la enfermedad de Lou Gehrig [esclerosis lateral amiotrófica], que no tiene cura conocida. Esa primavera fue increíblemente húmeda, lo cual hizo casi imposible concluir cualquier trabajo. Las cuentas se apilaron por primera vez en mi vida y empecé a deprimirme.

Siempre sentí que tenía el control de mi vida, pero todo lo que hacía parecía empeorar. Me sentí culpable de no poder estar con mi madre, quien vivía a mil trescientos kilómetros de distancia. Nos atrasamos aun más en nuestras cuentas, y entonces mi esposa tuvo un aborto. Parecía como si yo hubiera perdido el control de todo. La depresión empeoró, y comencé a pensar en el suicidio.

La siguiente temporada la empecé tan atrasado que no veía manera alguna de ponerme al día en mis cuentas, y mi madre empeoraba. El hecho de que ella no era cristiana pesaba fuertemente en mí. Entonces, alabado sea Dios, mi padre y mi madre recibieron a Cristo. Al fin sucedió algo bueno. Poco tiempo después ella murió, y todavía la extraño.

Cuando llamaban los cobradores de las deudas, lo único en que yo podía pensar era en matarme. No lograba sentir esperanza. En el pasado siempre pude arreglar las cosas, pero ya no lo lograba. Finalmente decidí terminar con todo. Cuando iba a conseguir un arma, llegaron a mi mente dos preguntas. Primera: *¿Qué es más importante, que el seguro pague tus cuentas o que tus hijos tengan un padre?* Segunda: *¿Qué es más importante, que tus cuentas estén canceladas, o que tu esposa tenga marido?* En ese momento supe que no quería matarme; sin embargo, esos pensamientos de condenación y suicidio no se iban.

Me reunía regularmente con mi pastor, pero aún así no lograba ver esperanza alguna. Luego me encontré con un amigo que había ido a una conferencia de Cómo Vivir Libres en Cristo. Me mostró en Efesios 1:18-21 que dentro de mí tengo a Cristo y el mismo poder que lo levantó de los muertos. Me preguntó si yo pensaba que habría algo que ese poder no pudiera hacer. ¡Por supuesto que no! Luego me explicó que la batalla estaba en mi mente, y cómo podía ganarla llevando todo pensamiento cautivo a la obediencia a Cristo. Desde ese momento en adelante no he estado deprimido ni he albergado pensamientos de suicidio. Finalmente encontré la esperanza que había estado buscando.

Unas semanas después se mudó mi amigo. Yo quería aprender mucho más, así que compré *Victoria sobre la oscuridad* y *Rompiendo las cadenas*. Los leí ambos en camino a Washington, D.C. para asistir al encuentro de Cumplidores de Promesas llamado «Firmes en la brecha». La transformación ha sido increíble. Mi esposa me dice que tiene un nuevo marido. Cuando leo la Palabra de Dios, esta se vuelve viva. Cuando escucho predicar a mi pastor, a menudo lloro debido a que la Palabra de Dios conmueve mi corazón. Mi vida nunca será igual debido a la liberad que Cristo me ha dado.

CAPÍTULO 6

CÓMO VENCER LA SENSACIÓN DE IMPOTENCIA

El dolor es implacable, y lo que hace intolerable la situación es saber que no llegará remedio alguno… ni en un día, ni en una hora, ni en un mes, ni en un minuto. Si hay un leve alivio, uno sabe que solo es temporal; habrá más dolor. Es aun más desesperanzador que el dolor que aplasta el alma. Por tanto, las decisiones de la vida cotidiana no son, como en asuntos normales, cambiar de una situación fastidiosa a otra menos pesada —o de incomodidad a relativa comodidad, o de aburrimiento a actividad— sino ir de dolor en dolor. Uno no abandona, ni aun brevemente, el lecho de clavos, sino que está adherido a él dondequiera que vaya.

WILLIAM STYRON, DARKNESS VISIBLE: A MEMOIR OF MADNESS

A menudo las personas que luchan con depresión se quejan de sensaciones de impotencia. Pueden señalar una serie de circunstancias de la vida sobre las cuales no tienen dominio. Con frecuencia estas circunstancias incluyen pérdida de empleo, enfermedad o lesiones graves, muerte de un ser querido o divorcio. Algunos aspectos de estas situaciones estaban en realidad más allá de su capacidad de dominio. Al no tener control sobre ciertos acontecimientos, los que luchan con la depresión empiezan a creerse inadecuados, incompetentes e impotentes. En consecuencia, se sienten incapaces, aunque la Biblia dice que todo lo pueden en Cristo que los fortalece (vea Filipenses 4:13). Los ha afectado la creencia de que son incapaces de afectar su mundo, ¡o de impedir que el mundo los afecte! La sensación de impotencia se cuela cuando no sabemos la verdad, o cuando no la creemos. Se trata de algo que hemos aprendido; por tanto, es algo que debemos desaprender.

IMPOTENCIA APRENDIDA

El Dr. Martin Seligman, un investigador, realizó experimentos que vincularon la sensación de impotencia con la depresión.[1] Construyó un ambiente donde un perro recibía descargas en una perrera de la que no podía escapar saltando ni ocultarse. Los canes que soportaron este trato aprendieron que eran impotentes. Nada que intentaran reducía el dolor. ¡Estos perros fueron acondicionados a aceptar la descarga como consecuencia inevitable de vivir!

Seligman demostró entonces que los perros expuestos a este trato tenían más problemas en evitar una descarga evitable que los perros no acondicionados anteriormente a ese tratamiento. Además, los perros sometidos al tratamiento de descarga desarrollaron las características de la depresión. Mostraban dificultades para comer, dormir y acicalarse. Sus movimientos eran más lentos y parecían estar menos alerta.

Muchos otros experimentos han revelado lo mismo. En uno de ellos se pusieron pulgas en un envase con un pedazo de vidrio en la parte superior. Si una pulga intentaba salir del envase solo se daba contra el vidrio. No se necesitó mucho tiempo para llevar a las pulgas a creer que no podían salir del envase. Cuando se quitó el vidrio de la parte superior, ni siquiera intentaron salir porque las había llevado a creer que no lo podrían hacer.

En otro experimento se colocó un separador de vidrio dentro de una pecera con todos los peces de un lado. Se puso alimento en el otro lado del separador. Después de chocar una y otra vez contra el vidrio, los peces ya no intentaron obtener la comida. Cuando se quitó el separador de vidrio los peces permanecieron en su lado de la pecera.

¿Ha ido usted alguna vez a un circo y ha observado un elefante atado a una estaca en la tierra? ¿Cómo puede esa pequeña estaca mantener inmovilizado al enorme elefante? No puede, pero el paquidermo no lo sabe. Cuando los elefantes son jóvenes y físicamente débiles los estacan a la tierra. Cuando crecen, pueden fácilmente sacar la estaca; pero no lo creen posible, por eso ni siquiera lo intentan. Están acostumbrados a darse por vencidos cuando encuentran la más leve resistencia.

Personas impotentes

La impotencia es una distorsión de la verdad. La Biblia tiene ilustraciones de impotencia adquirida. Los israelitas habían estado esclavizados en Egipto por cuatrocientos años cuando Dios le reveló a Moisés sus planes para liberarlos:

> Dirás a los hijos de Israel: Yo soy Jehová y yo os sacaré de debajo de las tareas pesadas de Egipto, y os libraré de su servidumbre, y os redimiré con brazo extendido, y con juicios grandes; y os tomaré por mi pueblo y seré vuestro Dios; y vosotros sabréis que yo soy Jehová vuestro Dios, que os sacó de debajo de las tareas pesadas de Egipto. Y os meteré en la tierra por la cual alcé mi mano jurando que la daría a Abraham, a

Isaac y a Jacob; y yo os la daré por heredad. Yo Jehová (Éxodo 6:6-8).

¡Israelitas, empaquen sus cosas! Dios está a punto de abrir las puertas de la prisión y liberar a los cautivos. Él ha oído sus súplicas. ¡Él los ama, y quiere redimirlos y llevarlos de vuelta a la Tierra Prometida! Sin embargo, oiga cómo reaccionaron los israelitas a esta buena noticia: «De esta manera habló Moisés a los hijos de Israel; pero ellos no escuchaban a Moisés a causa de la congoja de espíritu, y de la dura servidumbre» (v. 9). Los años de condicionamiento habían creado en ellos una sensación de impotencia, aunque Dios mismo afirmó que los liberaría. Cuando el Señor liberó a los israelitas de Egipto, estos se detuvieron en el desierto; se desanimaron en gran manera y quisieron regresar; se rebelaron y se quejaron contra el liderazgo de Moisés. Aproximadamente en esta época, «Jehová habló a Moisés, diciendo: Envía tú hombres que reconozcan la tierra de Canaán, la cual yo doy a los hijos de Israel; de cada tribu de sus padres enviaréis un varón, cada uno príncipe entre ellos» (Números 13:1-2). Los líderes volvieron entonces ante Moisés, Aarón, y toda la comunidad israelita, y dieron este informe:

> Nosotros llegamos a la tierra a la cual nos enviaste, la que ciertamente fluye leche y miel; y este es el fruto de ella. Mas el pueblo que habita aquella tierra es fuerte, y las ciudades muy grandes y fortificadas; y también vimos allí a los hijos de Anac. Entonces Caleb hizo callar al pueblo delante de Moisés, y dijo: Subamos luego, y tomemos posesión de ella; porque más podremos nosotros que ellos. Mas los varones que subieron con él, dijeron: No podremos subir contra aquel pueblo, porque es más fuerte que nosotros. Y hablaron mal entre los hijos de Israel, de la tierra que habían reconocido, diciendo: La tierra por donde pasamos para reconocerla, es tierra que traga a sus moradores; y todo el pueblo que vimos en medio de ella

son hombres de grande estatura. También vimos allí gigantes, hijos de Anac, raza de los gigantes, y éramos nosotros, a nuestro parecer, como langostas; y así les parecíamos a ellos (vv. 27-28, 30-33).

El pueblo creyó el informe malo y se rebeló contra Moisés y Aarón. Pero Josué y Caleb dijeron a toda la asamblea israelita:

La tierra por donde pasamos para reconocerla, es tierra en gran manera buena. Si Jehová se agradare de nosotros, él nos llevará a esta tierra, y nos la entregará; tierra que fluye leche y miel. Por tanto, no seáis rebeldes contra Jehová, ni temáis al pueblo de esta tierra; porque nosotros los comeremos como pan; su amparo se ha apartado de ellos, y con nosotros está Jehová; no los temáis (Números 14:7-9).

Tristemente, los israelitas creyeron el informe malo, no la verdad. De todos modos el Señor los metió en la Tierra Prometida, pero debido a su desobediencia vagaron por el desierto durante otros cuarenta años. Después de llegar a la Tierra Prometida aun encontraron muchos obstáculos (igual que nos pasa hoy día).

Uno de esos obstáculos fueron los filisteos, quienes desafiaron a los israelitas a un combate entre su campeón, Goliat, y cualquiera que los israelitas escogieran; el ganador se lo llevaría todo. Los israelitas estaban paralizados del miedo hasta que David llegó y dijo: «¿Quién es este filisteo incircunciso, para que provoque a los escuadrones del Dios viviente?» (1 Samuel 17:26). «Dijo David a Saúl: No desmaye el corazón de ninguno a causa de él; tu siervo irá y peleará contra este filisteo. Fuese león, fuese oso, tu siervo lo mataba; y este filisteo incircunciso será como uno de ellos, porque ha provocado al ejército del Dios viviente. Añadió David: Jehová, que me ha librado de las garras del león y de las garras del oso, él también me librará de la mano de este filisteo» (vv. 32,36-37). Aun más admirable es lo que David dijo al gigante:

Tú vienes a mí con espada y lanza y jabalina; mas yo vengo a ti en el nombre de Jehová de los ejércitos, el Dios de los escuadrones de Israel, a quien tú has provocado. Jehová te entregará hoy en mi mano, y yo te venceré, y te cortaré la cabeza, y daré hoy los cuerpos de los filisteos a las aves del cielo y a las bestias de la tierra; y toda la tierra sabrá que hay Dios en Israel. Y sabrá toda esta congregación que Jehová no salva con espada y con lanza; porque de Jehová es la batalla, y él os entregará en nuestras manos (vv. 45-47).

Los israelitas se sentían impotentes porque veían al gigante con relación a ellos, pero David lo veía con relación a Dios. Los espías también vieron los gigantes en la tierra con relación a sí mismos, a excepción de Josué y Caleb que los vieron a través de los ojos de la fe. Josué y Caleb sabían que la batalla era del Señor. Debemos creer lo mismo si hemos de experimentar alguna victoria en esta vida. Jesús ha arrancado las estacas. Él ha quitado el vidrio que separa. Se ha quitado el velo que nos alejaba del Santísimo. Dios está con nosotros y nada le es imposible. Podemos ser como Josué y Caleb, y creer que con Dios no estamos desamparados, o podemos ser como quienes prefieren creer que ahora son tan impotentes como lo fueron antes de Cristo.

Raíces de la infancia

Casi siempre, la sensación de impotencia es el resultado de experiencias en la tierna infancia. Al faltar la presencia de Dios en nuestras vidas y el conocimiento de sus caminos, aprendimos a sobrevivir, a defendernos y a protegernos. Muchos se han sentido derrotados desde el principio, porque a menudo los mensajes que recibieron del mundo han sido negativos: *No puedes hacer eso; es mejor que me dejes hacerlo. No eres suficientemente grande o inteligente. Nunca conseguirás nada. El mundo es una lucha de perros, así que ten cuidado y cuídate las espaldas.* No en balde empezamos a creer que no podemos.

Se calcula que 95% de la población del mundo es pesimista por naturaleza. Hasta los meteorólogos dicen: «Mañana habrá 35% de posibilidades de lluvia». No dicen que habrá 65% de posibilidades de sol. Los noticieros no informan lo bueno que ocurre en un día particular; solo reportan las malas noticias, las cuales no ayudan sino que dan a la población una distorsión de la realidad. Tres helicópteros de noticias y veinticinco policías perseguirán por horas a un fugitivo en un auto, pero nadie sigue a los tipos buenos que emprenden su día animando a otros. También hay arrebatadores de bendiciones por todas partes: «Veo que compraste un auto nuevo. Una vez compré uno y me resultó pésimo». Incluso en las iglesias, las personas tienden a señalar los peligros inminentes y el triste estado de asuntos en el mundo, en vez de animarse unos a otros a vivir por sobre las circunstancias con gran confianza en Dios: «Oí que te acabas de convertir. Felicitaciones, ¡ahora tienes un enemigo que antes no tenías!»

Cuando las personas deprimidas se ven impotentes por lo general se sienten aletargadas, cautelosas, fatigadas, agotadas y pesimistas. Estos síntomas hacen que considerar nuevas maneras de vencer antiguos problemas sea difícil. Ya mencionamos la investigación del Dr. Henn (vea capítulo tres) que concluyó que así como la neuroquímica afecta la conducta, los cambios en la conducta afectan la neuroquímica. En tales casos una intervención física podría ser necesaria para echar a rodar el proceso de recuperación. Ese podría ser el caso de Elías cuando huyó de Jezabel.

INTERVENCIÓN FÍSICA

Elías mostró increíble confianza en el Señor, y fue reconocido por los hombres del rey como «varón de Dios» (2 Reyes 1:9,11,13). El profeta de Dios fue testigo del extraordinario poder del Señor mostrado contra los profetas de Baal (vea 1 Reyes 18). Pero cuando la malvada Jezabel oyó la noticia, respondió: «¡Que los dioses me castiguen sin piedad si mañana a esta hora no te he quitado la vida como tú se la quitaste a ellos!» (1 Reyes 19:2, *NVI*). «Viendo, pues [Elías], el peligro, se levantó y se fue para salvar su vida, y vino a Beerseba, que está en Judá, y dejó allí a su criado. Y él se fue por el desierto un día de camino» (vv. 3-4). ¡Elías creyó una mentira! Este gran hombre de Dios creyó de veras una

> SOMOS MÁS VULNERABLES CUANDO NUESTRA ENERGÍA SE HA SOCAVADO AL PELEAR VICTORIOSAMENTE LA BUENA BATALLA Y ESTAMOS REBOSANTES DE CONFIANZA.

mentira, ¡como cualquiera de nosotros lo puede hacer! Entonces, en desesperación: «Basta ya, oh Jehová, quítame la vida, pues no soy yo mejor que mis padres. Y echándose debajo del enebro, se quedó dormido» (vv. 4-5).

Elías presentaba todas las señales clásicas de depresión. Estaba asustado, fatigado y se sintió como un fracasado solitario y desamparado, lo cual potencialmente le ocurre al mejor de nosotros, en especial después de una experiencia cumbre. Somos más vulnerables cuando nuestra energía se ha socavado al pelear victoriosamente la buena batalla y estar rebosantes de confianza. Nuestra confianza en Dios puede cambiar con facilidad a confianza en nosotros mismos cuando bajamos la guardia: «El que piensa estar firme, mire que no caiga» (1 Corintios 10:12).

Observe lo que el Señor hizo. «He aquí luego un ángel le tocó, y le dijo: Levántate, come. Entonces él miró, y he aquí a su cabecera una torta cocida sobre las ascuas, y una vasija de agua; y comió y bebió, y volvió a dormirse» (1 Reyes 19:5-6). En su misericordia, Dios le recetó algo de comida y descanso a su desanimado siervo. Cuando nuestros electrolitos están agotados y nuestro cuerpo está fallando por falta de nutrición, debemos tratar esas deficiencias con buena nutrición, ejercicio y descanso.

Nutrición y suplementos dietéticos

Contra la depresión muchos expertos en alimentación natural recomiendan complementar la dieta con aminoácidos. El más común de ellos es la D,L-fenilalanina, que se consigue en cápsulas en tiendas naturistas. No es tóxico, pero puede aumentar la presión sanguínea. Por lo general, los expertos sugieren su consumo junto con vitamina C, vitamina B6 y fruta o jugo de fruta aproximadamente cuarenta y cinco minutos antes del desayuno. Tomada con el estómago vacío, la D,L-fenilalanina se absorbe dentro de la sangre y el cerebro. El cuerpo la utiliza para sintetizar más de los neurotransmisores que aumentan la energía y quitan el sueño. Otro aminoácido, la tirosina, tiene efecto parecido en la química cerebral.

Un tratamiento frecuente de hierbas para la depresión es la artemisa común o hierba de San Juan. Investigadores han mostrado que esta puede mejorar el estado de ánimo y la calidad de sueño en personas deprimidas. Esta hierba natural se puede adquirir sin receta, pero le recomendamos que consulte un buen médico nutricionista o un experto en alimentos naturales para la dosis adecuada.

El Señor creó muchas frutas y verduras a fin de que se cultivaran y cosecharan para la preservación de la vida humana. Dios creó la hierba de San Juan. Probablemente hay muchos otros remedios naturales que esperan ser descubiertos. Debido a las presiones de la vida en estos últimos días, es aun más esencial el equilibrio adecuado de descanso, ejercicio y dieta. Eso, asociado con la realidad de que el suelo que produce nuestros granos se está agotando más y más en cuanto a su contenido mineral, podría ser más necesario que nunca complementar nuestras dietas con vitaminas y minerales.

Otro remedio nutricional que se debería considerar para la depresión es la vitamina B12. La deficiencia de B12 se sabe que causa varios cambios en el funcionamiento de nuestro sistema nervioso. La carencia de B12 se puede corregir en algunos pacientes por medio de una dieta rica en B12, o con suplementos nutritivos, pero con frecuencia esto no será suficiente, lo cual se debe a que a menudo la deficiencia se ocasiona por la incapacidad del paciente de absorber los nutrientes en los intestinos. Si este es el caso, la vitamina necesita una ruta más directa dentro del cuerpo por medio de inyecciones. Un análisis de sangre puede detectar la deficiencia de vitamina B12. Muchas personas con síntomas de depresión han obtenido ayuda con inyecciones de B12.

Salud física

Después de que Elías hubo comido y descansado, recibió otra visita: «Volviendo el ángel de Jehová la segunda vez, lo tocó, diciendo: Levántate y come, porque largo camino te resta. Se levantó, pues, y comió y bebió; y fortalecido con aquella comida caminó cuarenta días y cuarenta noches hasta Horeb, el monte de Dios» (1 Reyes 19:7-8).

Este pasaje sugiere la importancia del ejercicio físico, otro ingrediente de la buena salud física y mental. No queremos interpretar en la historia de Elías más de lo que las Escrituras garantizan, pero la Biblia sugiere que estaba físicamente sano.

Algunas investigaciones indican que el ejercicio aeróbico podría ser uno de los mejores antidepresivos. Los aeróbicos no tienen que ser particularmente agotadores, pero se debe mantener cierto nivel de energía por veinte o treinta minutos para que los ejercicios sean eficaces. Las pulsaciones en usted se deben duplicar, su respiración debe aumentar y debe empezar a sudar. Además del conocido efecto positivo sobre el sistema cardiovascular, los ejercicios aeróbicos incrementan la producción de endorfinas, moléculas cerebrales asociadas con el buen estado de ánimo natural. Los aeróbicos son más eficaces cuando se combinan con buena nutrición.

Descanso y recuperación

Otro importante factor de salud se insinuó cuando el ángel dijo a Elías que el viaje era muy largo para el profeta. Muchas personas sufren de depresión después de la adrenalina. En el capítulo tres explicamos que recibimos una corriente de adrenalina en respuesta a circunstancias externas exigentes. Cuando estas presiones se vuelven excesivas, el estrés se convierte en angustia y nuestros sistemas fallan. Disminuye nuestra capacidad de defendernos físicamente. Por eso es frecuente que haya un bajón emocional después de un suceso agotador. Esta clase de depresión reaccionaria es común en personas que han experimentado una semana demandante de trabajo. Los domingos pueden ser deprimentes. A menudo sentimos esto después de un congreso extenso, que es un gran acelerador de adrenalina.

Viajar cuarenta días y cuarenta noches a pie no es exactamente observar el día de reposo. Todos debemos reconocer la necesidad de descanso y recuperación. Sería útil tomar una dosis extra de vitaminas del complejo B cuando enfrentamos una programación exigente.

La persona integral

La buena salud mental no se puede separar totalmente de nuestra salud física, la cual se debe conservar con buena nutrición, ejercicio y descanso. Muchos individuos que luchan con depresión no están físicamente sanos. La depresión y la salud física se afectan mutuamente, y no se puede establecer cuál viene primero. ¿Contribuye la mala salud de las personas a la depresión, o sus estados depresivos contribuyen a su mala salud? No tenemos que determinar qué vino primero para ayudar a quienes sufren, porque la receta adecuada se relaciona con la persona integral.

No estamos sugiriendo que el ángel no hiciera nada más que recetar buena nutrición y descanso reparador para que Elías estuviera en acción por cuarenta días y cuarenta noches. La Biblia muestra claramente que el problema del profeta comenzó cuando creyó una mentira. Sin embargo, Dios trató con él como una persona total.

LECCIÓN OBJETIVA

Dios no había terminado de tratar con Elías. Era necesario corregir la sensación de impotencia del profeta, por eso el Señor le dio una lección objetiva acerca de su naturaleza divina y de lo que requería de Elías:

Allí se metió en una cueva, donde pasó la noche. Y vino a él palabra de Jehová, el cual le dijo: ¿Qué haces aquí, Elías? Él respondió: He sentido un vivo celo por Jehová Dios de los ejércitos; porque los hijos de Israel han dejado tu pacto, han derribado tus altares, y han matado a espada a tus profetas; y solo yo he quedado, y me buscan para quitarme la vida. Él le dijo: Sal fuera, y ponte en el monte delante de Jehová. Y he aquí Jehová que pasaba, y un grande y poderoso viento que rompía los montes, y quebraba las peñas delante de Jehová; pero Jehová no estaba en el viento. Y tras el viento un terremoto; pero Jehová no estaba en el terremoto. Y tras el terremoto un fuego; pero Jehová no estaba en el fuego. Y tras el fuego un silbo apacible y delicado. Y cuando lo oyó Elías, cubrió su rostro con su manto, y salió, y se puso a la puerta de la cueva. Y he aquí vino a él una voz, diciendo: ¿Qué haces aquí, Elías? (1 Reyes 19:9-13).

El Señor repitió a Elías la misma pregunta varias veces, y de nuevo el profeta defendió sus motivos y acciones. No captó el mensaje. La verdad es que Dios no lo envió allí, y Elías no era el único que había quedado. Había otros siete mil que no inclinaron sus rodillas ante Baal (vea v. 18). El Señor no estaba pidiendo a Elías que implantara un programa en el reino de Dios ni que castigara a quienes no guardaban el pacto del Señor. Le estaba pidiendo a Elías (y nos pide a nosotros) que confiemos en Él y lo sigamos adonde nos lleve. Él impondrá castigo a su debido tiempo, y establecerá su reino a su manera y en su tiempo.

No nos corresponde decidir ni lograr eso. Nuestra respuesta a Dios debe ser confiar y obedecer. Nuestro aparente servicio a Dios podría ser el mayor enemigo de nuestra devoción por Él. Debemos resistir la tentación de hacer la obra de Dios por Él. No se nos ordena que pidamos al Señor que castigue a los desobedientes con vientos, terremotos y fuegos. Si a algo somos llamados es a orar a Dios por misericordia para que retenga su castigo: «Busqué entre ellos hombre que hiciese vallado y que se pusiese en la brecha delante de mí, a favor de la tierra, para que yo no la destruyese; y no lo hallé» (Ezequiel 22:30).

Finalmente Dios ordena a Elías: «Ve, vuélvete por tu camino» (1 Reyes 19:15). En otras palabras, que volviera sobre sus pasos y no se separara de otras personas. Elías se encontró solo en el desierto porque creyó las mentiras del enemigo. Aunque era muy celoso de la obra del Señor, se echó sobre sí mismo la responsabilidad de hacerla él mismo y por sí solo. A menudo se refiere a esto como el complejo de Elías: *He quedado solo, y debo reivindicar la Palabra y la reputación de Dios*. Si usted se quiere sentir impotente, trate de hacer la obra de Dios por Él.

¿Cómo debemos reaccionar cuando el gobierno hace caso omiso de la voz profética de la Iglesia, o cuando otras personas muestran desprecio hacia el Señor? ¿Es trabajo nuestro enfrentarnos al gobierno o tratar de cambiar a los blasfemos? Quienes lo intenten solo se volverán controladores iracundos o se deprimirán en gran manera. El Señor nos ha llamado a someternos a las autoridades y a orar por ellas (vea Romanos 13:1-6; 1 Timoteo 2:1-2). Debemos aceptarnos unos a otros como Cristo nos aceptó (vea Romanos 15:7). Pero eso no significa que aprobemos el pecado ni que lo permitamos para determinar quiénes somos. Todo cristiano debe aprender a establecer límites bíblicos para protegerse de maltratos.[2]

La historia de Elías nos recuerda una parábola transmitida por la Internet. Un hombre estaba durmiendo en su cabaña cuando despertó repentinamente. El Salvador apareció en el cuarto, el cual se llenó de luz.

—Tengo para ti este trabajo —dijo el Señor.

Dios le mostró una enorme roca y le dijo que la empujara con todas sus fuerzas. El hombre así lo hizo, y por muchos días trabajó duro desde el amanecer hasta el anochecer, con los hombros firmemente pegados contra la fría y enorme superficie de la roca, empujando con todas sus fuerzas. Cada noche el hombre volvía adolorido y extenuado a su cabaña, preguntándose si había pasado en vano todo el día.

Viendo que el hombre mostraba señales de desánimo, Satanás decidió entrar en escena, poniendo en la mente humana pensamientos como: *¿Por qué estás haciendo esto? Nunca vas a moverla. Has estado allí por mucho tiempo y ni siquiera has arañado la superficie.* El hombre comenzó a sentir que la tarea era imposible, y que él era un siervo indigno porque no lograba mover la enorme piedra.

Estos pensamientos lo desanimaron y descorazonaron, y empezó a bajar el ritmo de esfuerzo. *¿Por qué estoy haciendo esto?* —pensaba—. *Le dedicaré mi tiempo, pero solo una mínima cantidad de esfuerzo, y eso será suficiente.* Eso hizo, o al menos lo que planeaba hacer, hasta que un día decidió llevar sus problemas al Señor.

—Señor —dijo—. He trabajado duro mucho tiempo en tu servicio, poniendo todas mis fuerzas en hacer lo que me has pedido. Sin embargo, después de todo este tiempo ni siquiera he movido esa roca un milímetro. ¿Qué pasa? ¿Te estoy fallando?

—Hijo mío —contestó el Señor—, cuando hace mucho tiempo te pedí que me sirvieras, y tú aceptaste, te dije que empujaras la roca con todas tus fuerzas. Eso has hecho. Pero ni una vez mencioné que yo esperaba que la movieras, ¡al menos no por ti mismo! ¡Tu tarea era empujar! Ahora acudes a mí desanimado, creyendo que has fallado, y estás listo a renunciar. No obstante, ¿es esa la realidad? Mírate. Tus brazos son fuertes y musculosos, tu espalda está bronceada y llena de nervios. Tus manos están callosas y tus piernas se han hecho sólidas y firmes. Has crecido mucho a través de la oposición, y tu habilidad sobrepasa ahora la que tenías. Sin embargo, aún no has tenido éxito en mover la roca. Has llegado a mí ahora con el corazón cargado y tus fuerzas agotadas. Hijo mío, yo moveré la roca. Tu llamado era a ser obediente y empujar, a ejercitar tu fe y a confiar en mi sabiduría. Eso es lo que has hecho.

PROCESO SANTIFICADOR

Si todo lo podemos en Cristo que nos fortalece (vea Filipenses 4:13), ¿qué entonces es «todo»? O sea, ¿cuál es la voluntad de Dios para nuestra vida? Pablo expresa claramente cuál es la voluntad del Señor para nosotros: «La voluntad de Dios es vuestra santificación» (1 Tesalonicenses 4:3). Es decir, debemos conformarnos a la semejanza de Dios, lo cual podemos hacer por su gracia. No tenemos ningún poder para cambiarnos; eso también viene de Él. Permitir que el mundo, la carne y el demonio influyan en nosotros interrumpe el proceso de santificación. También frenaremos ese proceso si nuestro enfoque principal se convierte en tratar de cambiar el mundo. Por otro lado, si la meta de usted es convertirse en la persona que Dios tiene en mente, ninguna otra persona o cosa en el planeta Tierra puede impedir que eso ocurra. Nosotros mismos somos los únicos que podemos impedirlo. Ni siquiera Satanás puede detenernos.

Pablo escribió: «Nos gloriamos en la esperanza de la gloria de Dios. Y no solo esto, sino que también nos gloriamos en las tribulaciones, sabiendo que la tribulación produce paciencia; y la paciencia, prueba; y la prueba, esperanza; y la esperanza no avergüenza; porque el amor de Dios ha sido derramado en nuestros corazones por el Espíritu Santo que nos fue dado. Porque Cristo, cuando aún éramos débiles, a su tiempo murió por los impíos» (Romanos 5:2-6). Jesús derrotó al diablo y nos hizo nuevas creaciones en Cristo. Nos liberó de nuestro pasado. Debemos destruir las fortalezas mentales adversas que dicen, «no puedo», y reemplazarlas con la verdad de que sí podemos en Cristo.

La tendencia humana es pensar: Este matrimonio no tiene remedio, y luego creer que la solución es cambiar de cónyuge o tratar de cambiar al cónyuge. Lo mismo se aplica a cualquier situación depresiva. La respuesta no es tratar de cambiar lo que no podemos cambiar ni dejar que la situación determine quiénes somos. Al contrario, la respuesta es trabajar con Dios en el proceso de cambiarnos. Según Pablo, nuestra esperanza no yace en evitar los sufrimientos y las tribulaciones de la vida, porque son inevitables. Nuestra esperanza está en perseverar en medio de esos sufrimientos, y volvernos más como Cristo. La esperanza que viene del carácter probado nunca nos desilusionará. Solamente a través de un carácter probado influiremos de modo positivo en el mundo.

Imagine el terrible dolor emocional cuando un cónyuge se va o cuando un hijo huye. Cualquiera se desilusionaría, se desanimaría y quizá se deprimiría por estas circunstancias difíciles. Es posible pensar: *¿Cómo puedo recuperar a quien perdí?* A menudo la pregunta tácita subyacente es: *¿Cómo puedo controlar a mi cónyuge o a mi hijo, o cómo puedo arreglar las circunstancias para que yo pueda manipular a esa persona y hacer que regrese?* Esa clase de control o manipulación es tal vez la razón de que esa persona se fuera. El fruto del Espíritu no es controlar al cónyuge ni al hijo, y Dios no nos asegura que las circunstancias externas se acomodarán siempre a nuestros deseos. El fruto del Espíritu es dominio propio.

Si usted está pasando por una situación difícil, en vez de tratar de controlar o manipular, una mejor pregunta para plantearse es: *Si no me he propuesto ser el cónyuge, el padre o el hijo que Dios me ha llamado a ser, ¿lo haré ahora?* Eso es lo único que usted pudiera cambiar, y es sin lugar a dudas lo mejor que puede hacer para que la otra persona regrese. Sin embargo, si no logra que vuelva, usted puede pasar la crisis con carácter probado. Dios utiliza sufrimientos y tribulaciones para refinar el carácter de usted y conformarlo a su imagen. La esperanza que viene del carácter probado nunca desilusionará. Si su esperanza solo radica en circunstancias favorables o en tratar de alterar algo que usted no tiene derecho o capacidad de cambiar o controlar, sufrirá mucha desilusión

en la vida en este mundo caído. Un poeta anónimo dijo bien lo
siguiente:

«Desilusión o Su ilusión», quito tres letras y entonces veo
Que la frustración de mi propósito es la mejor decisión de
   Dios.
Su ilusión en cuanto a mí es bendición, aunque podría
   venir disfrazada,
Porque el final desde el principio a su sabiduría abierto
   estaba.

«Desilusión o Su ilusión», ningún bien se retendrá,
En sus negativas recogemos a menudo tesoros de
   indecible amor.
Bien conoce Él que toda frustración lleva a una confianza
   más profunda y plena,
Y al final de todo se prueba que nuestro Dios es sabio y
   justo.

«Desilusión o Su ilusión», Señor, lo tomo entonces como
   lo que es:
Barro en manos de un alfarero, y me rindo por completo a
   tu toque.
El plan de mi vida es que me moldees; que la elección no
   sea mía;
Permite que conteste sin quejarme: «Padre: Hágase tu
   voluntad, no la mía».[3]

Dios no promete sacar a la persona de la pocilga, pero sí promete sacar la pocilga de la persona. Incluso podría pedirnos a algunos de nosotros que vayamos a la pocilga por el bien del ministerio. El plan eterno de Dios es «ordenar que a los afligidos de Sion se les dé gloria en lugar de ceniza, óleo de gozo en lugar de luto, manto de alegría en lugar del espíritu angustiado; y serán llamados árboles de justicia, plantío de Jehová, para gloria suya» (Isaías 61:3). Dios promete cargarnos a través de los sufrimientos y las tribulaciones de la vida. Alguien dijo una vez que el éxito viene en «puedos» y el fracaso en «no puedos». He aquí veinte «puedos» de éxito que sería bueno memorizar:

Veinte «puedos» del éxito

1. ¿Por qué decir que no puedo si la Biblia dice que todo lo puedo en Cristo que me fortalece (vea Filipenses 4:13)?

2. ¿Por qué preocuparme por mis necesidades si sé que Dios suplirá todas mis necesidades conforme a sus riquezas en Cristo Jesús (vea Filipenses 4:19)?

3. ¿Por qué temer si la Biblia dice que Dios no me ha dado espíritu de temor sino de poder, de amor y de dominio propio (vea 2 Timoteo 1:7)?

4. ¿Por qué me va a faltar fe para vivir por Cristo si Dios me ha dado una medida de fe (vea Romanos 12:3)?

5. ¿Por qué ser débil si la Biblia dice que el Señor es la fortaleza de mi vida, y que mostraré fortaleza y actuaré porque conozco a Dios (vea Salmo 27:1; Daniel 11:32)?

6. ¿Por qué dejar que Satanás controle mi vida si Dios que está en mí es mucho más grande que el que está en el mundo (vea 1 Juan 4:4)?

7. ¿Por qué aceptar la derrota si la Biblia dice que Dios siempre me lleva en victoria (vea 2 Corintios 2:14)?

8. ¿Por qué me va a faltar sabiduría si sé que Cristo se convirtió en sabiduría de Dios para mí; y el Señor me da generosamente sabiduría cuando se la pido (vea 1 Corintios 1:30; Santiago 1:5)?

9. ¿Por qué estar deprimido si puedo tener esperanza al recordar el amor, la compasión y la fidelidad de Dios (vea Lamentaciones 3:21-23)?

10. ¿Por qué preocuparme y estar enojado si puedo echar toda mi ansiedad en Cristo que cuida de mí (vea 1 Pedro 5:7)?

11. ¿Por qué estar en esclavitud si sé que donde está el Espíritu del Señor hay libertad (vea Gálatas 5:1)?

12. ¿Por qué sentir condenación si la Biblia dice que no hay condenación para los que están en Cristo (vea Romanos 8:1)?

13. ¿Por qué sentir soledad si Jesús dijo que está conmigo siempre, y que nunca me dejará ni se olvidará de mí (vea Mateo 28:20; Hebreos 13:5)?

14. ¿Por qué sentir que estoy maldito o que tengo mala suerte si la Biblia dice que Cristo me rescató de la maldición de la ley, y que por fe puedo recibir su Espíritu (vea Gálatas 3:13-14)?

15. ¿Por qué ser infeliz si, igual que Pablo, puedo aprender a contentarme en cualquier circunstancia (vea Filipenses 4:11)?

16. ¿Por qué sentir que no valgo nada si Cristo se hizo pecado por mí para que yo fuera hecho justicia de Dios (vea 2 Corintios 5:21)?

17. ¿Por qué sentirme indefenso en presencia de otros si sé que si Dios es por mí, quién podrá estar contra mí (vea Romanos 8:31)?

18. ¿Por qué tener confusión si Dios es el autor de la paz, y me da conocimiento por medio de su Espíritu que mora en mí (vea 2 Corintios 2:12; 14:33)?

19. ¿Por qué sentirme fracasado si soy más que vencedor por medio de Cristo que me ama (vea Romanos 8:37)?

20. ¿Por qué dejar que las presiones de la vida me molesten si me da valor saber que Jesús ha vencido al mundo y sus problemas (vea Juan 19:33)?[4]

CAPÍTULO 7

CÓMO LIDIAR CON LA PÉRDIDA

Ante mis ojos, el álamo se erguía en la reluciente atmósfera como un delgado cuello, y había júbilo de flores, y la copa del manzano danzaba delicadamente. Todo el invierno los árboles habían sido como soldados silenciosos, cirios de madera, con sus ocultos sentimientos garabateados, que luego se convirtieron en apoyos de negros viñedos, afilados alambres de púas contra el blanquecino cielo. ¿Quién iba a creer entonces en la verde y fastuosa intensidad de hojas sin fin del verano? ¿Quién creerá, cuando el invierno comience otra vez después de que el otoño queme de nuevo, y el día sea ceniciento, y todo vuelva a ser invierno y cenizas invernales, húmedas, blancas, frías, rígidas, grises y deprimentes, quebradizas o heladas? ¿Quién creerá o sentirá en la mente y en el corazón la realidad de la primavera y del nacimiento; en la verde y cálida opulencia del verano, y en la inexhaustible vitalidad e inmortalidad de la tierra?
DALMORE SCHWARTZ, "THE DECEPTIVE PRESENT" [EL ENGAÑOSO PRESENTE]

El apóstol Pablo era la estrella naciente en los círculos judíos, pero eso cambió cuando Dios lo dejó ciego en el camino a Damasco. Este repentino encuentro con Jesús cambió su vida para siempre. Pablo perdió sus antiguos amigos, su posición social, y el brillante futuro que tenía entre la élite judía. La historia reveló que él se fue por tres años. Es solo especulación, pero las posibilidades eran que pasara por un período de dolor y depresión. Experimentar pérdida es la principal causa de depresión. La crisis misma no ocasiona la depresión. Nuestra percepción mental de los acontecimientos externos basada en lo que creemos y en cómo se ha programado nuestra mente es lo que determina cómo nos sentimos y cómo reaccionamos a cualquier crisis o pérdida. Durante sus tres años de pausa, la mente de Pablo se estaba renovando a medida que se sobreponía a sus pérdidas. El diagrama 7.1 describe el ciclo previsible que todo el mundo pasa cuando experimenta alguna crisis o pérdida en su vida:

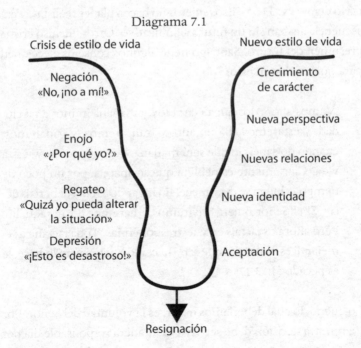

Diagrama 7.1

Las personas han establecido un estilo de vida que suponen continuará en el futuro inmediato, y con esperanzas de que mejorará. Hacen planes para el fin de semana y las vacaciones de verano, suponiendo que la vida seguirá como está programada. Planifican los sucesos de la vida cotidiana con la esperanza de que aún estarán vivos, de que tendrán buena salud y de que todas las condiciones serán favorables para que la vida siga como es en la actualidad. Durante el verano de nuestra alma, cuando todo va bien, no nos gusta pensar que los días por delante serán distintos. Durante el invierno de nuestra alma es difícil imaginar que alguna vez volverá el verano.

Algunos individuos ni siquiera consideran alguna consecuencia futura y dicen: «Comamos y bebamos, porque mañana moriremos» (1 Corintios 15:32). La Biblia se refiere a tales personas como engañadas y tontas. El consejo de Pablo para ellas es: «No erréis; las malas conversaciones corrompen las buenas costumbres. Velad debidamente, y no pequéis; porque algunos no conocen a Dios; para vergüenza vuestra lo digo» (vv. 33-34). Esos sujetos no hacen planes realistas, y en consecuencia acaban sin un futuro significativo. Otros, incluso cristianos, presumen del futuro. Santiago tiene algunos consejos aleccionadores para quienes hacen esto:

> ¡Vamos ahora! los que decís: Hoy y mañana iremos a tal ciudad, y estaremos allá un año, y traficaremos, y ganaremos; cuando no sabéis lo que será mañana. Porque ¿qué es vuestra vida? Ciertamente es neblina que se aparece por un poco de tiempo, y luego se desvanece. En lugar de lo cual deberíais decir: Si el Señor quiere, viviremos y haremos esto o aquello. Pero ahora os jactáis en vuestras soberbias. Toda jactancia semejante es mala; y al que sabe hacer lo bueno, y no lo hace, le es pecado (4:13-17).

Lo bueno, lo cual deberíamos hacer, es la voluntad del Señor. Por tanto, nuestra decisión debe ser vivir de manera responsable día por día, creyendo que la voluntad de Dios no nos llevará a donde su gracia no nos puede proteger. En el Sermón del Monte, Jesús nos dice que no nos preocupemos respecto del futuro. Además, si Dios cuida de los lirios del campo y de las aves de los cielos, ¿no proveerá mucho más para

> **LA VOLUNTAD DE DIOS NO NOS LLEVARÁ A DONDE SU GRACIA NO NOS PUEDE PROTEGER.**

nosotros (vea Mateo 6:28-31)? «Vuestro Padre celestial sabe que tenéis necesidad de todas estas cosas. Mas buscad primeramente el reino de Dios y su justicia, y todas estas cosas os serán añadidas. Así que, no os afanéis por el día de mañana, porque el día de mañana traerá su afán» (vv. 32-34).

Eso no significa que no debamos hacer planes para el futuro. Nuestra obligación es vivir con responsabilidad, y planificar para llevar vidas significativas. El propósito principal de establecer metas y hacer planes futuros es darnos hoy dirección resuelta para nuestra vida. Puesto que no tenemos control sobre muchas circunstancias que pueden trastocar esos planes, debemos decir: «Señor, mañana haré lo que quieras; y pase lo que pase mañana, confiaré en ti». Esto requiere que nos preparemos mental y emocionalmente para lo pasajero.

TRANSITORIEDAD

Nada será igual dentro de cinco años. No hay permanencia; solo hay cambio. Tennessee Williams afirmó: «A todos nos aterra la idea de lo pasajero».[1] En tres ocasiones el Señor intentó preparar a sus discípulos para esta realidad. Marcos 8 dice: «Comenzó a enseñarles que le era necesario al Hijo del Hombre padecer mucho, y ser desechado por los ancianos, por los principales sacerdotes y por los escribas, y ser muerto, y resucitar después de tres días. Esto les decía claramente» (vv. 31-32). La primera respuesta de los discípulos fue negación. Pedro hasta reprendió al Señor (vea v. 32). Cuando se los dijo una segunda vez, «ellos no entendían esta palabra, y tenían miedo de preguntarle» (9:32). Los discípulos no querían oír al respecto. Finalmente, estaban asustados a medida que se acercaban a Jerusalén, cuando Jesús les dijo por tercera vez (vea 10:32-34). El propósito de Jesús al hablarles con anticipación era prepararlos para una gran pérdida y darles esperanza. Ellos enfrentarían persecución, y aunque a Él lo matarían, resucitaría.

Para sobrevivir a las crisis de la vida debemos tener una perspectiva eterna, porque el tiempo es una bestia devoradora para quienes están fuera de Cristo. Sin esa perspectiva, no podemos ver la esperanza del verano durante los inviernos emocionales del alma. El «engañoso presente» oculta la posibilidad de alguna esperanza para el futuro. La afirmación del salmista, «estimada es a los ojos de Jehová la muerte de sus santos» (Salmo 116:15), no tiene sentido desde una perspectiva de tiempo. Solo tiene sentido desde una perspectiva eterna.

ETAPAS DEL DOLOR

¿Cómo reaccionamos ante una crisis o una pérdida en nuestras vidas? La crisis puede ser cualquier cosa que interfiera con planes bienintencionados. Podría ser la pérdida de un empleo, de la salud, de un cónyuge o un ser querido, o el fin de los sueños de alguien. Tales pérdidas siembran semillas de depresión cuando no vemos que nuestros tiempos están en manos del Señor. La primera respuesta es negación: una negativa a aceptar la crisis o la pérdida. Algunos creen que es muy doloroso enfrentar la verdad. Piensan de manera consciente o inconsciente: *Todo esto es una pesadilla o un truco que alguien me está haciendo. Me niego a considerar que esto es verdad.* O podrían decidir conscientemente no pensar que la crisis o la pérdida sucedió de veras: *Lidiaré con esto mañana o quizá el mes entrante.* Para otros, es demasiado increíble. Se preguntan: *¿Cómo me puede estar sucediendo esto? Soy una buena persona.* Quizá intenten recuperar lo perdido o seguir viviendo como si la crisis o la pérdida nunca hubieran ocurrido.

A un deprimido estudiante mío graduado lo despidieron de su empleo de ingeniero. No pudo enfrentar la vergüenza de decírselo a su esposa, aunque la pérdida de su empleo era consecuencia de recortes en su empresa, no de su ineptitud. Lleno de negación, se vistió el lunes siguiente y se fue a trabajar como de costumbre. Para el miércoles su ex empleador debió llamar a la policía. La negación puede durar treinta segundos o treinta años. Cuando por fin las personas enfrentan la verdad, por lo general sienten enojo o resentimiento porque lo ocurrido no era justo. Piensan: *¿Por qué me ocurre esto?* Su ira puede dirigirse a otros, incluyendo a Dios, de quien piensan que causó la crisis. Los que se sienten culpables o avergonzados con frecuencia dirigen su ira hacia sí mismos.

Otra etapa consiste en negociar. Las personas razonan: *Quizá puedo alterar la situación o reparar los sucesos que produjeron esta crisis.* Se deprimen cuando descubren que no pueden hacer nada para cambiar lo que ha sucedido, ni para revertir las consecuencias. Creen que la situación es desesperada y que son impotentes para hacer algo al respecto. Tratan de deshacer las cosas pero no pueden. Ahora no están seguros de poder vivir con las circunstancias actuales. La trágica pérdida parece demasiado grande para soportar. Es el invierno de sus almas. ¿Cómo pueden imaginar cómo es el verano, o si alguna vez este ha de venir?

Estilos explicativos

A todos nos asaltan tiempos difíciles en el camino hacia la realización y la madurez. Aprendemos a aceptar y crecer a través de las equivocaciones de la infancia, las vergüenzas de la adolescencia, los malentendidos de jóvenes adultos y toda clase de problemas de la vida adulta. Algunos han tenido más aflicciones que los demás.

Ciertos individuos se recuperan más rápido que otros cuando enfrentan las mismas crisis. Quizá son físicamente más fuertes y tienen una red mayor de apoyo, pero el principal factor de influencia es su madurez espiritual. Nuestra capacidad de recuperación se halla en la manera en que percibimos las cosas que nos pasan. Nuestras creencias acerca de las circunstancias de la vida, de nosotros mismos y de Dios determinan si reaccionamos en desesperación o en fe.

Interpretamos sufrimientos y tribulaciones a través del cristal de nuestras experiencias adquiridas. Intentamos explicar lo que ha sucedido y por qué ocurrió. El modo en que explicamos las circunstancias difíciles y los acontecimientos dolorosos se extrae de nuestras creencias acerca de Dios, de nosotros, de otros y de la manera en que creemos que funciona la vida. La investigación que condujo a la teoría de estilos explicativos la llevó a cabo Martin Seligman, la misma persona que hizo la investigación pionera sobre la impotencia aprendida. Seligman preguntó: «"¿Cuál cree usted que es la causa de las desgracias, grandes y pequeñas, que le ocurren?" Algunas personas, las que se rinden con facilidad, por lo general dicen de sus desgracias: "Es mi culpa; van a durar por siempre; socavarán todo lo que haga". Otras, las que se resisten a rendirse ante la desgracia, dicen: "Son solo circunstancias; sea lo que sea, pasará rápidamente, y además hay mucho más en la vida"».[2]

Según Seligman, hemos desarrollado diferentes estilos explicativos para enfrentar las crisis. Estos estilos determinan cuán pronto nos recuperaremos de nuestras pérdidas, o si nos recuperaremos. Estos estilos explicativos están compuestos de tres modelos mentales: permanencia, penetración y personalización.

Permanencia

Durará por siempre

Nuestra velocidad de recuperación depende en gran manera de si creemos que las consecuencias de la crisis tienen efecto de corto o de largo plazo en nosotros. Si creemos que nuestros problemas actuales afectarán de modo negativo toda nuestra vida, nos volveremos pesimistas. Creeremos que la situación es desesperada, y en consecuencia nos sentiremos deprimidos. Este patrón de pensamiento es tan común que difícilmente nos damos cuenta de él. Suponga que un esposo piensa: *Mi esposa está de mal humor; debe estar sufriendo una crisis.* Este es un problema de corto plazo, y tendrá poco efecto duradero en el esposo. Su decisión podría ser evitar la confrontación hasta que pase el mal humor. Pero él piensa: *Mi esposa está de mal humor; ella es una persona irritable,* este es un problema de largo plazo, y su respuesta podría ser:

- «No voy a hacerlo». Eso es rechazo.
- «Voy a controlarla». Eso es enojo.
- «Voy a aplacarla». Eso es negociar.
- «Voy a cambiarla». ¡Eso es deprimente!
- «Voy a esquivarla». Eso es resignación.
- «Voy a amarla y a aprender a vivir con ella». Eso es aceptación.

Cuando alguien llega a la etapa de depresión en el ciclo de crisis, se encuentra en una encrucijada importante. La persona puede creer que su aprieto es permanente y resignarse, o lo puede ver como pasajero y llegar a un punto de aceptación. *No puedo cambiar lo sucedido, pero por la gracia de Dios puedo cambiar yo. Lograré salir de esta crisis como una mejor persona.*

Una pareja joven que asistió al seminario trataba de tener hijos por todos los medios posibles. Su desilusión con Dios se reflejaba por completo en sus rostros. Pero lo que no habían perdido era la esperanza de tener hijos. Tenían otra opción más, pero era un medio muy costoso y antinatural de reproducción. Les dio lo que se llama depresión reaccionaria. Al principio se enojaron con Dios, y luego trataron de negociar con Él. *Señor, ¿nos permitirás tener hijos si prometemos ir al campo misionero?* Lo único que oyeron del cielo fue silencio. Sugerí la posibilidad de que el Señor no quería que tuvieran hijos propios. «¿Quiere usted decir que debemos renunciar a tenerlos?», dijo ella. «No, eso sería resignación», contesté. «Creo que deberían considerar confiar de nuevo en Dios, y aceptar su voluntad. Quizá haya razones que no sabemos por las que no debían tener hijos. Solo vemos una pequeña pieza de un rompecabezas gigante, pero el Señor ve todo el panorama. Si Él ha puesto en sus corazones tener hijos, tal vez quiere que consideren la adopción como alternativa».

Existen muchos acontecimientos críticos y pérdidas que no se pueden alterar. Debemos aprender cómo vivir con las consecuencias de estar en un mundo caído, como la muerte de un cónyuge o la pérdida de una pierna en un accidente. Aunque la pérdida sea permanente, no tiene que afectarnos negativamente para siempre. Tales crisis pueden acabarnos o hacernos reflexionar, dependiendo de cómo reaccionemos. Dios no desea que las crisis de la vida nos destruyan, pero estas declaran quiénes somos. Exponen nuestro carácter y revelan lo que creemos.

Las circunstancias difíciles son oportunidades para ajustar el curso de nuestra vida. Cuando un piloto se topa con aire turbulento puede considerar subir o bajar, pero detenerse es una mala opción. Alguien dijo que una curva en el camino no es el final de la carretera, a menos que usted no doble.

Joni Eareckson Tada sintió que su vida había llegado al final del camino cuando quedó paralizada después de un accidente de natación. En una entrevista en junio de 1993 grabada en una transmisión de Enfoque a la Familia, manifestó: «Quise terminar con mi vida, y la frustración que sentí al no poder hacerlo solamente intensificó mi depresión. Me encontraba tan desesperada que rogué a uno de mis amigos que me ayudara a acabar con todo».[3] Gracias a Dios que Joni no acabó con su vida, y gracias a Dios que le permitió que tomara la curva en la carretera y se convirtiera en una bendición para millones.

El Señor no ve a nuestros problemas como permanentes. Para Él son momentáneos: «Esta leve tribulación momentánea produce en nosotros un cada vez más excelente y eterno peso de gloria» (2 Corintios 4:17). Nuestro Dios dijo a la atribulada nación de Israel: «Yo sé los pensamientos que tengo acerca de vosotros, dice Jehová, pensamientos de paz, y no de mal, para daros el fin que esperáis» (Jeremías 29:11). Aunque los hijos de Israel le fallaron tremendamente al Señor, Dios les mostró misericordia y restauró lo que se había perdido: «Os restituiré los años que comió la oruga, el saltón, el revoltón y la langosta» (Joel 2:25). Cualquier pérdida que suframos, al final Dios la resarcirá.

Cuando estamos en la oscuridad de la depresión es fácil creer la mentira de que el favor de Dios solo es momentáneo y que su enojo durará para siempre. Sin embargo, la verdad es: «Porque un momento será su ira, pero su favor dura toda la vida. Por la noche durará el lloro, y a la mañana vendrá la alegría» (Salmo 30:5). El invierno no es permanente, aunque usted no logre sentir la calidez del verano. Usted debe decidirse a creer que el verano viene. Cuando usted crea que su crisis es permanente, piense en las palabras de Jeremías:

> Acuérdate de mi aflicción y de mi abatimiento, del ajenjo y de la hiel; lo tendré aún en memoria, porque mi alma está abatida dentro de mí; esto recapacitaré en mi corazón, por lo tanto esperaré. Por la misericordia de Jehová no hemos sido consumidos, porque nunca decayeron sus misericordias. Nuevas son cada mañana; grande es tu fidelidad (Lamentaciones 3:19-23).

PENETRACIÓN

Esto arruinará toda mi vida

Cuando hablamos de penetración nos referimos al hecho de que una crisis puede afectar otras áreas de nuestra vida. Un ejemplo de este pensamiento es concluir que si fallé en un esfuerzo, debo ser un fracaso total, o pensar que mi vida se acabó si me rechazó alguien en quien basé todo mi futuro. Susan sufrió una dolorosa ruptura con su novio. Ella lamentaba la pérdida de un ser querido con quien había esperado pasar el resto de la vida. Se preguntaba: *¿Querrá alguien casarse conmigo?* Susan lloraba incesantemente los pri-

> NO OLVIDE QUE LO QUE USTED GANA EN CRISTO ES MUCHO MAYOR QUE CUALQUIER PÉRDIDA QUE DEBA SOPORTAR.

meros dos días y medio, y de vez en cuando después de eso. No quería estar con nadie, y empezó a faltar al trabajo. Pensaba: *De todos modos lo más probable es que mi jefe me despida, entonces ¿para qué molestarme?* Sus amigos llamaban, pero no devolvía las llamadas; y cuando lo hacía era fría y distante. La pérdida que experimentó en un aspecto de su vida se proyectó a todos los demás. En consecuencia, no tenía esperanza alguna.

No permita que una pérdida se infiltre en otros aspectos de su vida. Porque sufre una pérdida, no es un perdedor. Si no logra cumplir una meta, no es un fracasado. Si lo despiden del empleo, no significa que sea un padre irresponsable, un mal marido o un maestro inepto de Escuela Dominical. La tendencia de esta clase de pensamiento es poner nuestra autoestima en una relación, una experiencia, una idea o un plan. Cuando los planes o las relaciones no duran, o no se materializan, no se diga que es un fracasado.

Tiempo para llorar

Es natural, normal y sin duda no es pecado llorar la pérdida de algo que es moralmente bueno o incluso moralmente neutro. Con relación a la pérdida de un ser querido, Pablo afirmó: «Tampoco queremos, hermanos, que ignoréis acerca de los que duermen, para que no os entristezcáis como los otros que no tienen esperanza. Porque si creemos que Jesús murió y resucitó, así también traerá Dios con Jesús a los que durmieron en él» (1 Tesalonicenses 4:13-14). Nuestra esperanza está en la obra concluida de Cristo, no en las cosas de este mundo que no tenemos derecho o posibilidad de controlar. Lamentamos lo que perdemos porque nos hemos encariñado con personas, lugares, ideas y cosas. La extensión del dolor se determina por el grado de encariñamiento con lo que hemos perdido.

Aun en la pérdida podemos ganar

Pablo estaba profundamente apegado a las tradiciones y costumbres farisaicas de su pueblo, y se había esforzado mucho por conseguir una posición en la vida. Renunciar a todo requería para el apóstol una enorme intervención divina, la cual llegó en el camino a Damasco. Todos los planes de Pablo se hicieron añicos en un momento. *¿Por qué, Dios? ¿Por qué me hiciste esto? Nadie ha sido más celoso por ti que yo.* Para empeorar el asunto, su única esperanza vendría de la iglesia que perseguía con tanto fervor. Al reflexionar en esto más tarde en su vida, Pablo escribió:

> Cuantas cosas eran para mí ganancia, las he estimado como pérdida por amor de Cristo. Y ciertamente, aun estimo todas las cosas como pérdida por la excelencia del conocimiento de Cristo Jesús, mi Señor, por amor del cual lo he perdido todo, y lo tengo por basura, para ganar a Cristo (Filipenses 3:7-8).

Jim Elliot, el misionero mártir, escribió: «No es tonto quien da lo que no puede conservar para ganar lo que no puede perder».[4] Algún día perderemos todo lo que en la actualidad poseemos. Estar dispuestos a sacrificar lo natural y temporal para ganar lo espiritual y eterno es la enseñanza central de los cuatro evangelios:

Todo el que quiera salvar su vida, la perderá; y todo el que pierda su vida por causa de mí, la hallará. Porque ¿qué aprovechará al hombre, si ganare todo el mundo, y perdiere su alma? (Mateo 16:25-26).

La primera referencia a la vida en el pasaje anterior, *psyque*, se refiere a la vida natural. La segunda referencia, *zoe*, se refiere a la vida espiritual que viene de Dios. Las personas que hallan identidad, propósito y significado en la vida en el orden natural de este mundo físico, finalmente los perderán. Quienes hallan su vida en Dios la conservarán por toda la eternidad. Atrás quedará cualquier nombre que nos hagamos, cualquier fama que logremos, cualquier posición terrenal que obtengamos y cualquier tesoro que acumulemos. Los apegos a este mundo nos sustraen de nuestro apego a Cristo. Nada nos puede separar del amor de Dios, y no sufriremos pérdida debilitante que no podamos soportar si hallamos nuestra vida, identidad, aceptación, seguridad e importancia en Cristo.

Una depresión prolongada después de una pérdida significa un encariñamiento exagerado a personas, lugares, ideas y cosas que no tenemos derecho o capacidad de controlar. Las personas sencillamente no se desprenderán de algo que van a perder de todos modos o que ya perdieron. En África, atrapan monos vaciando cocos y atándoles cadenas. El otro extremo de las cadenas se ata a árboles o estacas en tierra. Luego, colocan comida para monos dentro de los cocos vacíos. Los monos meten el puño en las cáscaras de coco para agarrar la comida; pero cuando empuñan la mano ya no la pueden sacar. La gente entonces desata las cadenas de los árboles o de las estacas y se las van llevando con los monos. ¿Por qué los monos no sueltan? Quizá por la misma razón por la que nosotros no lo hacemos.

Personalización

¡Todo es culpa mía!

El tercer modelo mental es responsabilizarse personalmente por algo que no se hizo o que no se pudo controlar. En la personalización el individuo deprimido se siente responsable del enojo de la otra persona, del recorte de personal de una empresa, del mal clima, de no conocer el futuro, y de muchas otras circunstancias y situaciones incontrolables. Los niños se deprimen cuando sus padres se divorcian, porque se creen culpables. A menudo los perfeccionistas luchan con la depresión, porque tienden a culparse por todo. Una pequeña crisis altera su mundo idealizado, y creen: *Es culpa mía*. En su empeño de lograr sus propias metas, se vuelven demasiado sensibles a cualquier fracaso o crisis.

La personalización distorsiona la percepción de la realidad en la gente. Cuando estalla una crisis en el trabajo, algunos piensan: *¿Qué hago ahora?* Algunas personas revisan de manera obsesiva un incidente buscando lo que hicieron mal. Su pensamiento está dominado por «quién lo hubiera sabido». *Si yo hubiera hecho aquello, ella nunca me habría dejado. Si me hubiera unido a la armada cuando tuve la oportunidad.* Su identidad y autoestima están erróneamente determinadas por los resultados de los acontecimientos de la vida.

Culparnos por toda crisis de vida y por cada imperfección perpetuará nuestros complejos de culpa por los fallos y la depresión. A muchos individuos que personalizan los acusaban injustamente en la tierna infancia, por lo que han llegado a creer que tienen algo de culpa en todo suceso negativo que ocurre. Pablo escribió: «Nadie os prive de vuestro premio, afectando humildad y culto a los ángeles, entremetiéndose en lo que no ha visto» (Colosenses 2:18). Otros son solo víctimas de quien los acusa día y noche; nunca han entendido la batalla espiritual por sus mentes, ni aprendieron a llevar todo pensamiento cautivo a la obediencia a Cristo.

Por otra parte, culpar a otros es una manera segura de amargarse, enojarse, volverse orgulloso y abusadores. La autoexaltación es tan mala como la autocondenación: «Digo, pues, por la gracia que me es dada, a cada cual que está entre vosotros, que no tenga más alto concepto de sí que el que debe tener, sino que piense de sí con cordura, conforme a la medida de fe que Dios repartió a cada uno» (Romanos 12:3). No hace ningún bien culpar a los demás, ni tampoco culparnos a nosotros mismos. Ni el orgullo ni la falsa humildad son respuestas adecuadas a los sufrimientos y las tribulaciones de la vida.

LIBERTAD

Ahora nunca obtendré el ascenso que deseaba (permanencia). *Soy un fracaso total en la vida* (penetración). *Es culpa mía que nuestra empresa no obtuviera el contrato* (personalización). Los modelos mentales de permanencia, penetración y personalización dominan la manera deprimida en que piensa la gente. Si usted experimenta pérdida en un aspecto, no lo generalice como una crisis total de la vida. Sea específico. Si experimenta hoy una crisis, no deje que esta lo afecte mañana. Tome las cosas con calma. Si el mundo se está desintegrando a su alrededor, ¡no acepte la culpa cuando no sea adecuado! Si sufre las consecuencias de una mala decisión, cambie lo que pueda, minimice sus pérdidas y siga adelante. Si comete una acción pecaminosa voluntaria, confiéselo. «Si confesamos nuestros pecados, él es fiel y justo para perdonar nuestros pecados, y limpiarnos de toda maldad» (1 Juan 1:9).

La depresión entrelaza cuerpo, alma y espíritu, todo lo cual se regula por lo que creemos. Jesús dijo: «Conoceréis la verdad, y la verdad os hará libres» (Juan 8:32). Decidir creer la verdad y vivir por fe es el prerrequisito esencial para llevar una vida emocionalmente sana y productiva. Pero lo contrario también es cierto. Creer una mentira y tener pensamientos poco sanos alimenta la depresión y conduce a la esclavitud. Usted puede cambiar lo que cree y cómo piensa, lo cual debe suceder si se ha de ver libre de depresión.

Ciclos de una crisis

De   A

Permanente: «Para siempre»   Temporal: «Por un tiempo»

Penetrante: «En todo»   Específico: «En esto»

Personal: «Soy el problema»   Impersonal: «Se trata de un problema»

Piense en la historia de una rana que daba saltos por el pasto. El día anterior había llovido y la tierra estaba muy húmeda. Un camión atravesó la pradera e hizo profundos surcos en el suelo. Sin querer, la rana saltó dentro de uno de los surcos y quedó atascada. Intentó salir de un brinco, pero no lo logró. El surco era demasiado profundo.

Al día siguiente algunos de sus amigos llegaron en busca de la rana; la encontraron atascada dentro de un surco. La animaron a que intentara salir otra vez, pero ella dijo que era inútil. Estaba permanentemente atascada en un surco. *Ya no sirvo para nada*, pensó. *Probablemente por mi culpa llovió el otro día. Esa fue la manera en que Dios se desquitó conmigo por no ser una mejor rana.* Durante cinco días seguidos las otras ranas llegaron y la animaron, pero permaneció atascada en su surco. Al sexto día sus amigos se sorprendieron al verla saltar por todo el campo. Le preguntaron cómo se las arregló para desatascarse. La rana dijo: «¡Venía un camión enorme y tuve que salir de allí!»

¿Cómo nos desatascamos? No lo hacemos negando la crisis. El primer paso es definir la crisis o pérdida, y ponerla en su debida perspectiva. Analizar la pérdida desde una perspectiva eterna ayuda a determinar si la pérdida percibida es real o solo imaginaria. Muchas personas pasan por todos los pasos del ciclo de una crisis (vea diagrama 7.1) solo para descubrir que lo que han creído u oído no era cierto. Esto puede suceder fácilmente en las primeras etapas de una enfermedad física. Una dama estaba tan segura que su esposo iba a morir de cáncer que estaba negociando con Dios para salvarle la vida cuando averiguó que no había nada de cáncer.

PÉRDIDA

Es posible pasar por las etapas de enojo, negociación y depresión aunque la crisis sea solo una pérdida potencial que se teme. Después que Hal Baumchen y yo escribimos *Reencuentro con la esperanza*, un abogado me contó su historia; él estaba trabajando para un bufete muy prestigioso cuando empezó a correr el rumor de que se iba a llevar una contrademanda contra su persona y el bufete. Comenzó a preocuparse de manera incesante al respecto hasta que en su mente la posibilidad se convirtió en una realidad. Estaba tan angustiado emocionalmente que renunció a su cargo y buscó tratamiento médico. Después de tomar medicación por un año, leyó nuestro libro. Comprendió que su pérdida era solo imaginaria. Esencialmente creyó una mentira, como Elías, y huyó.

Toda pérdida verdadera resultará en algún grado de aflicción. Negar la pérdida solo nos roba el consuelo que necesitamos. Jesús dijo: «Bienaventurados los que lloran, porque ellos recibirán consolación» (Mateo 5:4). Los cristianos son personas normales que sangran cuando se cortan y que sufren cuando se lastiman. Se necesita tiempo para ajustarse a la pérdida. Sin embargo, excesiva pena por la pérdida puede convertirse en depresión, lo cual podría indicar que se ha puesto demasiado valor en el asunto. Esto requiere una evaluación sincera de la pérdida a la luz de la eternidad, y una decisión de soltarse uno del pasado y agarrarse de Dios como nos exhorta Pablo:

> No que lo haya alcanzado ya, ni que ya sea perfecto; sino que prosigo, por ver si logro asir aquello para lo cual fui también asido por Cristo Jesús. Hermanos, yo mismo no pretendo haberlo ya alcanzado; pero una cosa hago: olvidando ciertamente lo que queda atrás, y extendiéndome a lo que está

delante, prosigo a la meta, al premio del supremo llamamiento de Dios en Cristo Jesús. Así que, todos los que somos perfectos, esto mismo sintamos; y si otra cosa sentís, esto también os lo revelará Dios. Pero en aquello a que hemos llegado, sigamos una misma regla, sintamos una misma cosa (Filipenses 3:12-16).

Culpar o sentirse culpable son respuestas inadecuadas a la pérdida, y solo prolongarán el período de dolor. Debemos aceptar las cartas que nos ha tocado jugar, comprendiendo que Dios «hace salir su sol sobre malos y buenos, y que hace llover sobre justos e injustos» (Mateo 5:45). Todos estamos juntos en este barco, y ninguno de nosotros hará el viaje sin enfrentar sufrimientos y tribulaciones. Aunque usted fuera a vivir de manera perfecta, aún enfrentaría considerable pérdida. No olvide que lo que usted gana en Cristo es mucho más grande que cualquier pérdida que deba soportar. No negociemos con Dios. Sometámonos humildemente a Él y oremos la oración de la serenidad:

Señor, concédeme la serenidad
para aceptar las cosas que no puedo cambiar,
valor para cambiar las que sí puedo
y sabiduría para conocer la diferencia.[5]

Recuperarse de la crisis precipita una evaluación más profunda de quiénes somos en realidad. Podríamos comprender que hemos puesto mucho de nuestra identidad en las cosas que hacemos, y muy poco en quiénes somos en Cristo. La esposa que encuentra su identidad en el matrimonio experimentará una pérdida mayor si su esposo la abandona, que la mujer que entiende profundamente lo que significa ser hija de Dios. El hombre que halla su identidad en su trabajo sufrirá gran pérdida si lo pierde. Recibimos esta carta de un pastor:

He estado leyendo sus dos libros *Victoria sobre la oscuridad* y *Rompiendo las cadenas*. Quería agradecerle por darme dos herramientas que necesitaba de veras. Soy el pastor fundador de esta iglesia que comenzó hace quince años. Estoy en los primeros pasos de recuperación de una división en la iglesia. Nunca había conocido dolor como este, pero estoy descubriendo que este es un tiempo formidable de aprendizaje y de crecimiento en el Señor. Su libro *Victoria sobre la oscuridad* ha sido especialmente útil en que he tratado de encontrar mucho de mi identidad en lo que hago como pastor, y no mucho en quién soy como un santo.

Tales crisis no solo nos ayudan a clarificar quiénes somos y por qué estamos aquí, sino que también precipitan la necesidad de nuevas relaciones y la necesidad de construir nuevos escenarios para nuestras vidas. Estos cambios son indispensables para nuestro crecimiento en el Señor, pero nunca los haremos a menos que estemos obligados a hacerlos. Buzz Aldrin, el segundo hombre en caminar sobre la luna, dijo: «Mi depresión me obligó a los cuarenta y un años de edad a detenerme y, por primera vez, examinar mi vida».[6] Fácilmente podemos atascarnos en los mismos surcos viejos hasta que Dios trae un camión y tenemos que movernos. Solo se trata de la manera del Señor de disciplinarnos por nuestro bien, según Hebreos 12:7-11:

> Si soportáis la disciplina, Dios os trata como a hijos; porque ¿qué hijo es aquel a quien el padre no disciplina? Pero si se os deja sin disciplina, de la cual todos han sido participantes, entonces sois bastardos, y no hijos. Por otra parte, tuvimos a nuestros padres terrenales que nos disciplinaban, y los venerábamos. ¿Por qué no obedeceremos mucho mejor al Padre de los espíritus, y viviremos? Y aquellos, ciertamente por pocos días nos disciplinaban como a ellos les parecía, pero éste para lo que nos es provechoso, para que participemos de su

santidad. Es verdad que ninguna disciplina al presente parece ser causa de gozo, sino de tristeza; pero después da fruto apacible de justicia a los que en ella han sido ejercitados.

Dios desea que participemos de su santidad. El propósito de su disciplina es producir un carácter piadoso. Recuerde: todos seremos maltratados como consecuencia inevitable de vivir en un mundo caído. Que permanezcamos como víctimas es nuestra decisión. Tenemos el potencial de salir de cada crisis siendo mejores personas que antes. El estilo de vida consecuente será más meritorio y más piadoso. Por tanto, en el invierno de su desánimo, levante los ojos al cielo y recuerde en su mente que su esperanza está en Dios, y experimentará otra vez el cálido verano de la cosecha otoñal.

Capítulo 8

Cómo sobrevivir a la crisis

Creo que hemos perdido el conocimiento de que la felicidad está sobrevalorada, de que en cierta manera la vida está sobreestimada. De algún modo hemos perdido cierto sentido de misterio acerca de nosotros, nuestro propósito, nuestro significado y nuestro papel. Nuestros antepasados creían en dos mundos, y para ellos este era el solitario, el burdo, el desagradable, el salvaje y el breve. Somos la primera generación humana que en realidad ha esperado encontrar felicidad aquí en la tierra, y nuestra búsqueda de ella ha ocasionado más infelicidad. ¿La razón? Si usted no cree en otro mundo mayor, si cree solamente en el mundo monótono y material que le rodea, si cree que esta es su única oportunidad de felicidad, si eso es lo que cree, no se desilusiona cuando el mundo no le da una buena medida de sus riquezas... sino que se desespera.

PEGGY NOONAN, REDACTORA DE DISCURSOS
DE LOS PRESIDENTES REAGAN Y GEORGE H. W. BUSH

Vivimos en un mundo caído. La vida en este planeta no siempre es fácil y justa. Queremos que las cosas salgan como queremos, pero a menudo no ocurre. Queremos que prevalezca la justicia, pero eso no sucederá a la perfección en esta vida. Al final Dios enderezará todo, pero hasta entonces viviremos con muchas injusticias. Tenemos la tentación de creer que los cristianos no deberían sufrir si llevan una vida recta, pero miembros de la iglesia primitiva sufrieron en gran manera a manos de la clase religiosa. Después de recibir golpes por hablar de sus creencias, «salieron de la presencia del concilio, gozosos de haber sido tenidos por dignos de padecer afrenta por causa del Nombre» (Hechos 5:41). «También todos los que quieren vivir piadosamente en Cristo Jesús padecerán persecución» (2 Timoteo 3:12). Hoy día se martirizan más cristianos por su fe que en cualquier otro período de la historia de la Iglesia.

¿POR QUÉ SUFRIMOS?

Primero, los cristianos pueden sufrir por causa de la justicia. Participaremos en la gloria de Cristo si «padecemos juntamente con él» (Romanos 8:17). «Si sufrimos, también reinaremos con él» (2 Timoteo 2:12). «De la manera que abundan en nosotros las aflicciones de Cristo, así abunda también por el mismo Cristo nuestra consolación» (2 Corintios 1:5).

Segundo, el sufrimiento viene como consecuencia de nuestro pecado y como castigo de parte de nuestro Padre celestial. David sintió la pesada mano del Señor en sufrimiento físico y mental como efecto de su pecado (vea Salmo 32:3-5). Sin embargo, no supongamos (como hicieron los amigos de Job) que el sufrimiento personal es solo resultado de nuestro pecado personal.

Tercero, el sufrimiento vendrá sencillamente de nuestra debilidad humana como parte de vivir en un mundo caído. «Nuestro hombre exterior se va desgastando... de día en día» (2 Corintios 4:16). A pesar de nuestra aversión natural al dolor y al sufrimiento, la Biblia nos dice que las pruebas son una realidad y una necesidad en la vida del creyente. En palabras de J.I. Packer, «sufrir cristianamente es un aspecto integral de la santidad bíblica, y parte regular y normal en la vida del creyente».[1]

El sufrimiento es valioso

El dolor físico es una necesaria señal de advertencia, como lo expresó un médico: «El dolor es una señal de que se debe actuar; implica que si no se actúa disminuirán las posibilidades de supervivencia del organismo».[2] Incluso la falta de adecuada nutrición corporal se siente como dolor. El sufrimiento podría ser la manera de Dios de tratar de motivarnos a cambiar. C.S. Lewis escribió: «El Señor nos susurra en nuestros placeres, nos habla en nuestras conciencias, pero nos grita en nuestro dolor».[3]

> A MENUDO LAS PEQUEÑAS PRUEBAS NOS HACEN SALIR DE NUESTROS CABALES, PERO LOS GRANDES SUFRIMIENTOS NOS VUELVEN A CENTRAR.

A veces se necesita gran sufrimiento para captar nuestra atención. A menudo las pequeñas pruebas nos hacen salir de nuestros cabales, pero los grandes sufrimientos nos vuelven a centrar. La oscuridad de la desesperación, «como la cueva de Platón, es el lugar donde todos los hombres llegan a conocerse a sí mismos».[4]

El sufrimiento fortalece el carácter

Jesús se perfeccionó por medio de las aflicciones (vea Hebreos 2:10), y «por lo que padeció aprendió la obediencia» (Hebreos 5:8). Jesús que era totalmente Dios, en la encarnación se volvió totalmente humano. El desarrollo de su humanidad de bebé a adulto nos da un modelo que debemos seguir. En estas declaraciones no hay insinuación de desobediencia anterior ni de fallas pecaminosas en Cristo. Al contrario, sugieren que pasó de inmadurez a madurez en su humanidad. Su experiencia de sufrimiento lo convierte en un compasivo sumo sacerdote que llega en ayuda de personas afligidas (vea Hebreos 4:14-15).

El amor piadoso fluye solo de quienes han muerto al egocentrismo, y que ahora viven para otros. Poner a morir al viejo yo que desea las cosas a su manera inevitablemente involucra dolor. No morimos fácilmente al gobierno propio. «Volver a rendir la voluntad que por mucho tiempo hemos tenido como propia es en sí, dondequiera y comoquiera que se haga, un amargo dolor».[5]

El sufrimiento nos enseña a amar

Sufrir elimina cualquier fingimiento en nuestra relación con Dios. Nos desprende de todo lo que no es Dios para que podamos aprender a amarlo por quién Él es, no por lo que nos da. San Agustín escribió: «Dios quiere darnos algo, pero no puede, porque nuestras manos están llenas; no tiene dónde ponerlo».[6] El sufrimiento vacía nuestras manos, para que Dios pueda darnos a Él mismo, el verdadero tesoro en la vida. C.S. Lewis escribió: «Ahora el Señor, quien nos ha hecho, sabe lo que somos y que nuestra felicidad está en Él. Pero no la buscaremos en Él mientras nos deje algún otro recurso donde sea razonable buscar la felicidad. Mientras lo que llamamos "nuestra vida" sea agradable, no nos rendiremos a Él. ¿Qué entonces puede hacer Dios por nuestro bien sino volver "nuestra vida" menos agradable, y quitar las fuentes plausibles de la falsa felicidad?»[7]

El sufrimiento nos ayuda a comprender

Vivimos en un mundo de conflicto moral. La historia bíblica revela una batalla entre el bien y el mal, la cual ha traído mucho padecimiento.

Incluso Dios participa en este sufrimiento por lo que el pecado ha hecho a su creación: «En toda angustia de ellos él fue angustiado» (Isaías 63:9). La realidad del mal, y la verdadera naturaleza del amor de Dios por nosotros no se conocerían a no ser por medio de la experiencia de la aflicción: «La única manera en que el mal moral logra entrar a la conciencia de los moralmente buenos es como sufrimiento».[8] C.S. Lewis escribió: «Un hombre malo y feliz es un individuo sin el menor presentimiento de que sus acciones no "corresponden", que no están de acuerdo con las leyes del universo».[9]

Nuestro sufrimiento puede ser la oportunidad de testificar acerca de la gracia sustentadora del Señor tanto a creyentes como a incrédulos. Los médicos y las enfermeras se impresionan más con pacientes piadosos que se mantienen muy firmes bajo el sufrimiento y enfrentan la muerte sin temor, que con cristianos suplicantes que no tienen sentido de su inmortalidad.

Sea cual sea el origen de nuestro sufrimiento —sea la disciplina directa del Señor, la mano de otra persona, o simplemente el mal natural que es parte del mundo caído—, está bajo el control de Dios. En su infinita sabiduría y amor, deja que el sufrimiento llegue a nosotros para su gloria definitiva, para nuestro crecimiento en carácter y para que testifiquemos en este mundo. La inquietud que Peter Kreeft plantea es bueno tenerla en mente cuando experimentamos aflicción:

> Quizá sufrimos desorbitadamente porque Dios nos ama desorbitadamente, y está domándonos. Tal vez estemos participando en una aflicción que no comprendemos porque somos objetos de un amor que no entendemos. ... Quizá hasta nos estemos volviendo más genuinos al participar en sufrimientos que son los padecimientos de Dios, tanto en la tierra como parte de la obra de Cristo de la salvación, como en el cielo como parte de la vida eterna de la Trinidad, que es la extática muerte del ego que es la esencia lo mismo del sufrimiento que del gozo.[10]

El sufrimiento tiene límites

Una explicación global de todos nuestros sufrimientos quizá nunca la tendremos por completo en esta vida. Sin embargo, tenga la seguridad que Dios siempre tiene un límite en cuanto al padecimiento que permite para cada uno de nosotros. Al igual que estableció claros límites al sufrimiento que Satanás podía ocasionar a Job, los establece en cuanto a cada uno de nosotros. Obviamente algunas personas tienen hombros más anchos sobre los cuales Él puede poner grandes cargas, y a los cuales les permite sufrir por causa de la justicia, como Job y Pablo. El sufrimiento siempre llega con una tentación a reaccionar con el pecado de incredulidad... o en un abatimiento que expresa: *Dios se ha olvidado de mí, y no hay esperanza*, o en enojo y rebelión. Satanás consigue otra victoria cuando las víctimas reaccionan con incredulidad y se alejan de su única fuente de esperanza.

El sufrimiento conlleva esperanza

La promesa bíblica no es que Dios nos alejará del sufrimiento, ni que lo quitará rápidamente. Al contrario, promete dar gracia para soportarlo fielmente. El salmista no dice: «Echa sobre Jehová tu carga, y despreocúpate», sino más bien: «Echa sobre Jehová tu carga, y él *te sustentará*» (55:22, énfasis añadido). De igual modo, no se nos dice que serán quitadas las causas de nuestras ansiedades, sino más bien que en medio de ellas podemos experimentar la paz de Dios (vea Filipenses 4:6-7).

La fortaleza y el consuelo del Señor están presentes en nuestros sufrimientos. Él es «Padre de misericordias y Dios de toda consolación, el cual nos consuela en todas nuestras tribulaciones» (2 Corintios 1:3-4). La palabra griega que se traduce «consuelo» también se podría traducir «ánimo». Aquí se usa en su sentido básico de «estar al lado de una persona para animarla cuando pasa por duras pruebas».[11] El tiempo presente del verbo nos dice que nuestro Dios nos consuela en *todo* momento, constante y fielmente en *todos* nuestros sufrimientos.

Es el sufrimiento mismo el que nos ayuda a engendrar esta perspectiva de esperanza que es tan decisiva para vencer la depresión. Podemos aceptar que las aflicciones lleguen a nuestro camino si entendemos el propósito y si tenemos la esperanza de que al final Dios corrija las cosas.

EL SUFRIMIENTO DESARROLLA CONFIANZA

La vida es maravillosa cuando sentimos la presencia de Dios, cuando vivimos de modo victorioso sobre el pecado, y cuando conocemos la verdad que nos hace libres. Gracias al Señor por las experiencias cumbres cuando las circunstancias de la vida son favorables; pero, ¿lo son siempre? ¿Y si usted no puede sentir la presencia del Señor por un tiempo y él suspende sus bendiciones conscientes? ¿Qué haría usted si siguiera fielmente a Dios, y un día todas las circunstancias externas se volvieran amargas como le pasó a Job? Eso nos ha ocurrido dos veces como familia. Si no fuera por el mensaje dado en Isaías 50:10-11, no estoy seguro de que hubiéramos sobrevivido a los sufrimientos:

> ¿Quién hay entre vosotros que teme a Jehová, y oye la voz de su siervo? El que anda en tinieblas y carece de luz, confíe en el nombre de Jehová, y apóyese en su Dios. He aquí que todos vosotros encendéis fuego, y os rodeáis de teas; andad a la luz de vuestro fuego, y de las teas que encendisteis. De mi mano os vendrá esto; en dolor seréis sepultados.

Isaías se está refiriendo a un creyente, alguien que teme al Señor y le obedece, y sin embargo camina en tinieblas. El profeta no se está refiriendo a las tinieblas del pecado, ni siquiera a la oscuridad de este mundo (o sea, el reino de las tinieblas). Se refiere a la oscuridad de la incertidumbre —un manto de pesadez que como una nube oscura cubre nuestro mismo ser— en que la seguridad de ayer se ha reemplazado por las incertidumbres de mañana. Dios ha suspendido sus bendiciones conscientes. Asistir a la iglesia se siente como una experiencia deprimente. Los amigos más bien parecen una molestia que una bendición. ¿Puede esto sucederle a un verdadero creyente? ¿Cuál es el propósito de un tiempo tan lúgubre? ¿Qué debe hacer uno durante momentos así?

Sigamos andando a la luz de revelaciones anteriores
Antes que nada, Isaías 50:11 nos dice que debemos mantenernos andando. En la luz podemos el próximo paso, el sendero por delante es claro. Distinguimos a un amigo de un enemigo, y podemos ver dónde están los obstáculos. La Palabra ha sido una lámpara a nuestros pies —dirige nuestros pasos— pero ahora empezamos a preguntarnos si es verdadera. Las tinieblas nos han vencido. Estamos avergonzados de cuánto nos dejamos llevar de los sentimientos. Todo instinto natural dice: ¡*Ríndete, siéntate, basta ya!* No obstante, la Palabra nos anima a andar por fe según lo que sabemos que es verdadero.

El primer encuentro de Joanne y yo con un período de tinieblas vino después que ella descubriera que le estaban saliendo cataratas en ambos ojos. A finales de la década del 1970, los médicos no hacían implantes de lentes a nadie menor de sesenta años. No nos quedaba más alternativa que ver cómo cada una de las nubes de sus ojos los cubría hasta que apenas pudiera ver. Entonces le removieron quirúrgicamente sus lentes. Le recetaron gruesos lentes para las cataratas hasta que pudo sentirse cómoda con lentes de contacto. Esto fue muy traumático para Joanne y se necesitó un período de más de dos años.

Ser esposa de un pastor produce bastante presión, pero este trauma adicional era más de lo que Joanne podía soportar. Para su bien consideré otras maneras de servir al Señor que ser pastor principal. Me sentí guiado a sacar mi primer doctorado, aunque no tenía idea de lo que Dios tenía reservado para nosotros. Poner el bienestar de Joanne por sobre el ministerio le dio a ella alguna esperanza. Puesto que nuestra iglesia estaba en medio de un programa de construcción, debíamos quedarnos hasta culminar el proyecto. En los meses siguientes después de dedicarnos a nuestras nuevas edificaciones, Dios nos liberó de ese pastorado. Yo estaba a punto de concluir mis estudios doctorales y de enfrentar las tareas de hacer las investigaciones pertinentes y escribir una tesis. También quería acabar un segundo nivel de seminario.

Ese fue el año educativo más difícil de mi vida. En un año completé cuarenta y tres módulos semestrales, de los cuales diecisiete eran de estudios de hebreo y griego. A mediados de ese año presenté mis exámenes globales, y para el fin de año había concluido mi investigación y mi tesis doctoral. Además enseñaba a tiempo parcial en la Facultad Talbot de Teología.

Comenzamos ese año con la seguridad de que dispondríamos de veinte mil dólares sin intereses. El plan era pagar este préstamo cuando vendiéramos nuestra casa. No tener que vender nuestra casa nos permitió tener a nuestros hijos en el mismo colegio durante ese año. Después de terminar mi educación tuvimos confianza en que Dios tendría un lugar para nosotros. En los primeros seis meses nuestra vida se desarrolló según lo planeado, y entonces Dios apagó las luces.

Lamentablemente nos informaron que no entregarían la segunda mitad de los veinte mil dólares prometidos. Como no teníamos otra fuente de ingresos, nuestra alacena estaba vacía. Yo no tenía empleo y mis metas educativas se habían terminado a medias. Siempre me consideré un hombre responsable, pero ahora estaba al borde de no poder suplir las necesidades básicas de mi familia. Estábamos muy seguros del llamado de Dios seis meses antes, pero en aquel momento había nubes en la oscuridad de la incertidumbre.

Todo terminó dos semanas antes de mis exámenes globales. Solamente 10% de candidatos doctorales habían pasado la prueba anterior que se realizó en dos sábados consecutivos, así que había mucha presión. Si yo no pasaba los exámenes, no podía iniciar mi investigación y mi tesis. Ya habíamos invertido tres años de nuestras vidas y quince mil dólares en el programa. Ahora ni siquiera sabíamos de dónde vendría nuestra próxima comida. Teníamos patrimonio neto en nuestra casa, pero las tasas de interés en esa época eran tan altas que sencillamente las casas no se vendían. Era abrumadora la tensión al tratar de crear nuestra propia luz. Consideré un par de oportunidades ministeriales, pero sabíamos que no eran para nosotros, y no pude aceptarlas. El problema no era falta de disposición de trabajar. Yo habría vendido perros calientes para sostener a mi familia. Tampoco era problema el orgullo. ¡Simplemente queríamos conocer y hacer la voluntad de Dios!

Comenzamos a preguntarnos si habíamos tomado una mala decisión. La guía de Dios nos era muy clara el verano anterior. ¿Por qué estábamos caminando en tinieblas? Era como si el Señor nos hubiera lanzado a un embudo, el cual cada vez era más oscuro. ¡Cuando pensábamos que ya no podía oscurecer más, nos topamos con la parte estrecha! Entonces en el momento más sombrío Dios nos sacó del fondo de ese embudo, y todo comenzó a clarificarse.

Eran aproximadamente las dos de la mañana de un jueves cuando amaneció. Nada cambió en las circunstancias, pero todo cambió en el interior. Desperté con mucho entusiasmo y una sensación de gozo. Joanne también despertó, y pudo sentir que había ocurrido algo. Tuvimos una conciencia de Dios en una manera extraordinaria. No se trataba de voces ni visiones, solo el Señor en su suave y tranquila manera de renovar nuestras mentes. Mi proceso de pensamiento fue algo así: *Neil, ¿caminas por fe o por vista? ¿Estás ahora caminando por fe? Me creíste el verano pasado, ¿me crees ahora? Neil, ¿me amas o amas mis bendiciones? ¿Me adoras por quien soy o por las bendiciones que traigo? ¿Creerías aún en mí aunque suspendiera de tu vida mi presencia consciente?*

Conocimos entonces de una manera que nunca antes habíamos conocido. Contesté en mi espíritu: *Señor, sabes que te amo, y por supuesto que camino por fe, no por vista. Señor, te adoro debido a quien eres, y sé que nunca me dejarás ni me abandonarás. Perdóname, Señor, porque alguna vez dudara en colocarte en mi vida o por cuestionar tu capacidad de suplir todas nuestras necesidades.*

Esos preciosos momentos no se pueden planear ni predecir. No se repiten. En ellos se encarna lo que hemos aprendido anteriormente de la Biblia. Nuestra adoración se purifica; nuestro amor se clarifica. La fe nos lleva de una definición de libro de texto a una realidad viva. La confianza se profundiza cuando el Señor nos pone en una posición en que no tenemos más alternativa que confiar en Él. O confiamos o comprometemos nuestra fe. La Biblia nos da las únicas reglas infalibles de fe y conocimiento de su propósito, pero aprendemos a vivir por fe en el ruedo de la vida. Esto es especialmente cierto cuando las circunstancias no nos favorecen. El Señor tiene cierta manera de tratar de meternos por un hueco, y cuando estamos a punto de rompernos por la mitad nos deslizamos hacia el otro lado. Nunca volveremos a tener la misma forma que tuvimos antes.

Al día siguiente todo cambió. El diácono en la Facultad Talbot de Teología llamó para preguntarme si había aceptado otro puesto. Me pidió que no aceptara nada hasta que tuviéramos la oportunidad de hablar. Ese viernes por la tarde, el decano me ofreció un puesto en el cuerpo docente, el cual desempeñé en los diez años siguientes. La noche de ese viernes, a las 10:00 P.M. pasó por casa un hombre de mi anterior ministerio. Cuando le preguntamos qué estaba haciendo a esa hora de la noche en nuestro hogar, dijo que no estaba seguro. Lo invitamos a entrar, pensando: *Veremos qué se nos ocurre*. Medio en broma le preguntamos si le gustaría comprar nuestra casa, y contestó: «¡Tal vez la compro!» El martes siguiente él y sus padres hicieron una oferta sobre nuestra casa, la que aceptamos. Ahora podíamos venderla porque sabíamos dónde iríamos a vivir.

Nada cambió exteriormente antes de esa mañana, pero todo cambió interiormente. El Señor puede cambiar en un momento lo que nosotros nunca podríamos cambiar. Ya antes nos habíamos hecho un propósito que nos sostuvo durante esas épocas: *Nunca tomaremos una decisión importante si estamos deprimidos*. Eso me ha evitado renunciar después de difíciles reuniones de junta directiva o de mensajes que me ponían por los suelos. Lo importante es: Nunca dudar en la oscuridad de lo que Dios ha mostrado con en la luz. Debemos andar en la luz de la revelación anterior. Si eso fue cierto seis meses atrás, aún es cierto. Si somos serios en nuestro caminar con Dios, Él nos probará para determinar si lo amamos a Él o a sus bendiciones. Él podría nublar el futuro para que podamos aprender a caminar por fe y no por vista o sentimientos.

El entendimiento de que Dios no nos abandonó a Joanne y a mí, de que solo había suspendido su presencia consciente para que nuestra fe no se apoyara en nuestros sentimientos, no se estableciera por experiencias únicas y no se apoyara en las bendiciones. Si nuestros padres físicos se hubieran visto en circunstancias difíciles y no nos hubieran podido dar regalos de Navidad cuando éramos jóvenes, ¿habríamos dejado de amarlos? ¿Habríamos dejado de buscar en ellos dirección y apoyo? Si el «ministerio de las tinieblas» de Dios lo cubre a usted, manténgase andando en la luz de la revelación anterior.

No creamos nuestra propia luz
La segunda lección que debemos aprender de Isaías es no encender nuestros propios fuegos. La tendencia natural cuando no vemos las cosas a la manera de Dios es hacerlas a la nuestra. Observe otra vez el texto: «He aquí que todos vosotros encendéis fuego, y os rodeáis de teas; andad a la luz de vuestro fuego» (50:11). El Señor no se está refiriendo a fuego de castigo sino al fuego que da luz. Observe lo que ocurre cuando las personas crean su propia luz: «Y de las teas que encendisteis. De mi mano os vendrá esto; en dolor seréis sepultados» (50:11). Dios está diciendo: «Sigue adelante, hazlo a tu manera. Yo lo permitiré, pero sufrirás».

La Biblia ilustra esto. El Señor llamó a Abraham a salir de Ur hacia la Tierra Prometida. En Génesis 12, Dios le prometió que sus descendientes serían más numerosos que la arena del mar o las estrellas del cielo. Abraham vivió a la luz de esta promesa, y luego el Señor apagó las luces. Pasaron tantos meses y años que la esposa de Abraham, Sara, ya no podía tener hijos por medios naturales. La guía de Dios había sido cristalina antes, pero ahora parecía como que Abraham tuviera que ayudar Dios a cumplirlo. ¿Quién podría culpar a Abraham por crear su propia luz? Sara le siguió el juego ofreciéndole su sierva. De esa unión salió otra nación, la cual ha creado tanto conflicto que hoy día todo el mundo está atormentado. Los judíos y los árabes no han podido vivir pacíficamente juntos hasta la época actual.

Dios supervisó el nacimiento de Moisés y proveyó para su preservación. Criado en el hogar de Faraón, llegó a estar en el segundo cargo más importante de Egipto. Pero el Señor había puesto en su corazón la carga de liberar a su pueblo. Moisés desenvainó la espada de manera impulsiva, tratando de ayudar a Dios a liberar al pueblo, y el Señor apagó las luces. Abandonado en la parte trasera del desierto, Moisés pasó cuarenta años cuidando las ovejas de su suegro. Entonces un día Moisés se volvió para ver una zarza que ardía y no se consumía (vea Éxodo 3:1-2), y el Señor volvió a prender las luces.

No estamos sugiriendo que tendremos que esperar cuarenta años para que se vaya la nube. En nuestra vida eso sería más tiempo del que la fe promedio de las personas podría soportar. Pero la oscuridad podría durar semanas, meses y —quizá para algunos individuos excepcionales— hasta años. Dios está al timón, y Él sabe exactamente cuán pequeño es el hueco por donde nos puede hacer pasar. El Señor dice: «Yo formo la luz y creo las tinieblas, traigo bienestar y creo calamidad; yo, el SEÑOR, hago todas estas cosas» (Isaías 45:7, NVI).

Volvamos ahora al segundo período de oscuridad para Joanne y yo. Cinco años después de la cirugía de mi esposa para retirar los lentes de ambos ojos, su médico sugirió hacerle un implante de lentes. Durante esos cinco años había habido tanto progreso que el implante de lentes se consideraba ahora cirugía de paciente externo. Al principio Joanne estaba renuente, y nuestra compañía de seguros no iba a pagar porque la definían como cirugía cosmética, pero finalmente aceptaron pagar. El médico de Joanne y yo la convencimos de que era lo mejor para ella.

La cirugía fue un éxito, pero Joanne salió de la anestesia en un estado fóbico. Ya antes la habían anestesiado en una operación, por lo que yo no lograba entender por qué ahora estaba tan asustada. Sin duda yo entendía su aprensión antes de la operación, pues que le corten el globo ocular no es algo que uno desea. Solo pensarlo produce escalofríos. El estado emocional de mi esposa después de la operación estaba un poco intranquilo. ¿Pudo la anestesia haber ocasionado su estado emocional? ¿Pudo haber influido la naturaleza de su cuidado postoperatorio? El costo de la atención médica ha obligado a muchos hospitales a realizar tantas cirugías al día que no dan tiempo para descansar o recuperarse después de una operación.

Las enfermeras debieron pedirme que ayudara a Joanne a despertar de la anestesia. Querían desocupar la cama para otros pacientes. Joanne era solo uno de varios pacientes ese día. La mayoría de las personas necesitan más atención emocional que esa. Joanne se habría recuperado mucho mejor si le hubieran permitido recuperarse gradualmente de su experiencia, y pasar una noche en el hospital. Llevarla a casa esa noche fue un terrible suplicio para ella y para mí. Ella no se lograba estabilizar emocionalmente.

La posibilidad de que se tratara de una batalla espiritual se evidenció al día siguiente. Joanne pensaba que debía sacarse el objeto extraño de su ojo. Esto no tenía sentido, puesto que la intervención quirúrgica fue un éxito; su visión era ahora 20/30. En ese entonces no entendíamos la batalla por nuestra mente como la entendemos hoy día. Pablo escribió: «Queriendo yo hacer el bien, hallo esta ley: que el mal está en mí» (Romanos 7:21). El mal con que Joanne luchaba no era de clase física; era una mentira de Satanás que llegó en un momento muy vulnerable.

Es doloroso recordar esto, porque se pudo evitar mucho de lo que aconteció después. La lucha de Joanne con la ansiedad condujo a insomnio y finalmente a depresión. Pasó de su médico oculista a su médico general, a su ginecólogo, a un siquiatra. Como ninguno de ellos le encontró algo físicamente mal, todos supusieron que se trataba de un caso mental u hormonal. Probaron con hormonas, antidepresivos y pastillas para dormir, pero nada parecía obrar. Perdió el apetito y su peso bajó de manera impresionante. La hospitalizaron cinco veces. **Esto también pasará.** Los intentos de conseguir ayuda médica se volvieron sumamente costosos. La cobertura de nuestro seguro se agotó, y debimos vender nuestra casa para pagar las cuentas médicas. Joanne no podía actuar como madre o esposa. Nuestra hija Heidi no estaba segura de poder soportar que su madre muriera. Nuestro hijo Karl se retrajo dentro de sí. Yo estaba atrapado en un conflicto de roles. ¿Era pastor, consejero, discipulador de Joanne o solo era su esposo? Decidí que solo había un papel que podía cumplir en la vida de Joanne: el de esposo. Si alguien iba a componer a mi esposa, sería otra persona, yo no. Mi papel era sostenerla cada día y decirle: «Esto también pasará». Pensamos que sería un asunto de semanas o meses, pero se convirtió en un suplicio de quince meses. El embudo se angostaba cada vez más. Isaías 21:11-12 tenía gran significado para nosotros:

> Me dan voces de Seir: Guarda, ¿qué de la noche? Guarda, ¿qué de la noche? El guarda respondió: La mañana viene, y después la noche.

Un ministerio de esperanza se basa en la verdad de que la mañana viene. Por oscura que sea la noche, la mañana llega. Siempre la mayor oscuridad se produce antes del amanecer. Durante nuestra hora más oscura, cuando no estábamos seguros si Joanne iba a vivir o a morir, llegó la mañana. Mi esposa había renunciado a todo menos a tener alguna esperanza en la medicina. Le recomendaron un médico de consulta privada, quien de inmediato le quitó las medicaciones y le recetó algo mucho más equilibrado que lidiaría con la depresión, y que incluía buena alimentación e inyecciones de B12.

Al mismo tiempo, había un día de oración en la Universidad Biola, donde yo dictaba clases. Mi única obligación en el programa era separar tiempo para orar en mis clases. Esa noche los estudiantes universitarios tenían un culto con Cena del Señor. Puesto que yo dictaba clases al nivel de graduados, normalmente no iba; pero ya que esa noche el trabajo me había entretenido en el recinto, decidí participar. Me senté en el piso del gimnasio con los estudiantes y tomé la Cena del Señor. Es improbable que alguien estuviera consciente que aquel era uno de los momentos más solitarios y oscuros de mi vida. Me había propuesto hacer la voluntad de Dios y a caminar lo mejor que pudiera a la luz de revelación anterior. Nada de lo que yo hacía cambiaba a Joanne o a las circunstancias.

Llegará la mañana. Ni una vez Joanne y yo cuestionamos a Dios, ni sentimos amargura acerca de nuestras circunstancias. El Señor había estado preparando nuestros corazones, y guiándonos a un ministerio que ayuda a creyentes a resolver conflictos personales y espirituales. Sentimos que la naturaleza de nuestro ministerio se relacionaba con lo que estábamos pasando, pero no sabíamos qué hacer al respecto. ¿Debíamos abandonar la ayuda que dábamos a otros a fin de preservar nuestra familia? El Señor estaba bendiciendo mi ministerio de maneras sin precedentes, pero nosotros no recibíamos bendición. Dios nos despojó de todo lo que teníamos. Lo único que nos quedaba era el uno al otro y Dios. Cuando no había ningún sitio hacia dónde volvernos, ¡llegó la mañana!

Si el Señor ha hablado alguna vez a mi corazón, fue en ese culto de Santa Cena. No hubo voces ni visiones. Fue sencillamente de la manera suave y tierna en que Él renueva la mente; no llegó por medio del mensaje del pastor ni de los testimonios de los estudiantes, sino en el contexto de tomar la Cena del Señor. Mi proceso de pensamiento fue algo así en esencia: *Neil, hay que pagar un precio por la libertad. Costó la vida de mi Hijo. ¿Estás dispuesto a pagar el precio? Señor, si esa es la razón, estoy dispuesto, pero si se trata de algo tonto lo que estoy haciendo, ya no quiero ser parte de eso.* Salí del gimnasio con la seguridad interior de que ya había pasado todo. Las circunstancias no habían cambiado, pero en mi corazón sabía que había llegado la mañana.

Una semana después Joanne despertó y dijo: «Neil, anoche dormí». De ese momento en adelante supo que estaba en el camino de la recuperación. Ella no miró hacia atrás y siguió recuperándose por completo. Al mismo tiempo, nuestro ministerio dio un salto fenomenal. ¿Cuál era el sentido de todo esto? ¿Por qué tuvimos que pasar por ese sufrimiento?

El quebrantamiento es la clave del ministerio. Primero, en esos tiempos de oscuridad aprendimos mucho acerca de nosotros. Nos despojamos de cualquier cosa que quedaba de nuestra vieja naturaleza que daba consejos simplistas como: ¿Por qué no lees la Biblia, te esfuerzas más u oras más? La mayor parte de las personas que pasan tiempos sombríos quieren hacer lo bueno, pero muchos no pueden o creen que no pueden. Nosotros también tuvimos mejor comprensión de nuestras limitaciones, y profundizamos nuestras raíces en las corrientes eternas de la vida mientras cortábamos lo que nos ataba a cosas temporales no duraderas.

Segundo, aprendimos a tener más compasión. Aprendimos a esperar pacientemente con otros, a llorar con quienes lloran y a no tratar de instruir a quienes lloran. Aprendimos a reaccionar ante las necesidades emocionales de quienes han perdido la esperanza. Después vendrá la instrucción. Antes yo era bondadoso, pero nada que ver con cómo soy ahora, debido a la misericordiosa manera de Dios de ministrarme.

Tuvimos algunos «amigos», como los que trataron de ayudar a Job, que nos aconsejaron en nuestra época de tinieblas, y podemos decirle a usted que dolió. Lo que Job necesitaba en su momento de oscuridad era unos cuantos amigos que simplemente se sentaran con él. Los amigos de Job se comportaron así por una semana, y entonces se les agotó la paciencia. Recibimos importantísima ayuda de la iglesia, en especial de personas que sencillamente permanecieron cerca de nosotros y oraron. Si Dios se llevara toda bendición exterior y redujera nuestros activos a no más que relaciones significativas, ¿serían suficientes esas relaciones para nosotros?

La mayor parte del mundo ha aprendido a contentarse con alimento y vestido, porque no tiene alternativa. Pablo dijo: «Sé vivir humildemente, y sé tener abundancia; en todo y por todo estoy enseñado, así para estar saciado como para tener hambre, así para tener abundancia como para padecer necesidad» (Filipenses 4:12). Esta es una lección importante para aprender. La suerte final de Job fue mejor que la inicial. Dos años después de nuestras pérdidas, el Señor sustituyó todo lo que perdimos, solo que esta vez fue mucho mejor, en cuanto a casa, familia y ministerio. Aliéntese, que al final Dios hará que todo esté bien.

> ALIÉNTESE, QUE AL FINAL DIOS HARÁ QUE TODO ESTÉ BIEN.

Tercero, creo que el Señor nos llevó a Joanne y a mí al final de nuestros recursos para que pudiéramos descubrir los de Él. Hoy día en las iglesias no se predican muchos sermones acerca del quebrantamiento. Esa es la gran omisión, y por eso no se puede cumplir la Gran Comisión. Jesús enseñó en todos los cuatro evangelios a negarnos a nosotros mismos, a tomar todos los días nuestra cruz, y a seguirlo. Cuando llegó el momento en que sería glorificado el Hijo del Hombre, dijo: «De cierto, de cierto os digo, que si el grano de trigo no cae en la tierra y muere, queda solo; pero si muere, lleva mucho fruto» (Juan 12:24). No existe manera indolora de morir a nosotros mismos, pero es necesario; es lo mejor que nos puede ocurrir: «Nosotros que vivimos, siempre estamos entregados a muerte por causa de Jesús, para que también la vida de Jesús se manifieste en nuestra carne mortal» (2 Corintios 4:11). Si estamos confiando en títulos, diplomas, posición y confianza en nosotros mismos, Dios nos quitará nuestra autosuficiencia.

Moisés no fue bueno para el Señor en la corte de Faraón hasta que se le despojó de todas las posesiones y posiciones terrenales. Chuck Colson no fue bueno para Dios en la Casa Blanca, pero fue bueno para el Señor en la cárcel. Yo había obtenido cinco títulos, pero no fui muy bueno para Dios hasta que el sufrimiento dio su resultado perfecto. No podemos liberar a nadie, pero el Señor sí. Cada libro que he escrito y cada casete que he grabado vinieron después de este período de quebrantamiento. Todo resultó en el nacimiento de Ministerios Libertad en Cristo, que se ha extendido a todo el mundo. «Sin dolor no hay victoria», dice el fisicoculturista. Eso también es cierto en el reino espiritual. El segundo punto de Isaías es sencillamente este: No cree su propia luz. La luz artificial es muy, pero muy, engañosa.

Aprenda a confiar

El punto final que Isaías resalta es: «El que anda en tinieblas y carece de luz, confíe en el nombre de Jehová» (50:10). Caminar en tinieblas es una lección sobre la confianza. Todo gran período de crecimiento personal en la vida de Joanne, en mi vida, y en nuestro ministerio lo ha precedido un período importante de prueba. Unas de las más grandes señales de madurez espiritual es la capacidad de posponer recompensas. La suprema prueba sería no recibir nada en esta vida y esperar recibir nuestra recompensa en la vida venidera. Vea cómo lo expresó el escritor de Hebreos: «Conforme a la fe murieron todos estos sin haber recibido lo prometido, sino mirándolo de lejos, y creyéndolo, y saludándolo, y confesando que eran extranjeros y peregrinos sobre la tierra. Porque los que esto dicen, claramente dan a entender que buscan una patria» (Hebreos 11:13-14). Los vv. 39-40 afirman: «Y todos estos, aunque alcanzaron buen testimonio mediante la fe, no recibieron lo prometido; proveyendo Dios alguna cosa mejor para nosotros, para que no fuesen ellos perfeccionados aparte de nosotros».

La voluntad de Dios para la vida de usted está al otro lado de una puerta cerrada, y tal vez usted nunca sepa de qué se trata, a menos que resuelva un asunto en este lado de la puerta. Si Dios es Dios, tiene el derecho de decidir lo que haya en el otro lado de la puerta. Si usted no le da ese derecho, e insiste en hacer su voluntad, jugará su propio juego y decidirá su propio destino en este lado de la puerta. Usted lo hará a su manera, pero perderá su llamado. «Hay camino que al hombre le parece derecho; pero su fin es camino de muerte» (Proverbios 14:12).

Si Joanne y yo hubiéramos sabido de antemano lo que nuestra familia tendría que pasar para llegar donde estamos hoy, quizá no habríamos venido. Pero al mirar hacia atrás podemos decir: «Estamos felices de haber venido». Por eso Dios no nos muestra lo que hay al otro lado de la puerta. Recuerde que el Señor hace que al final todo sea bueno, y tal vez ni siquiera lo sea en esta vida, como no lo fue para los héroes mencionados en Hebreos 11. Sin embargo, creemos con todo nuestro corazón que cuando acabe esta vida física, todos los fieles podrán mirar hacia atrás y decir que la voluntad del Señor es buena, aceptable y perfecta. Estoy feliz de haber tomado este camino.

CAPÍTULO 9

UN COMPROMISO PARA VENCER LA DEPRESIÓN

El apóstol Juan registra la historia de un hombre que había estado tullido por treinta y ocho años. Jesús lo descubrió en el estanque de Betesda donde se reunían muchos ciegos, cojos y paralíticos. Quienes se presentaban en el estanque creían que un ángel agitaba el agua de vez en cuando, y que cualquiera que estuviera en el estanque en ese momento sanaría. Pero aquel pobre hombre nunca lograba meterse al estanque antes de que el agua dejara de agitarse. «Cuando Jesús lo vio acostado, y supo que llevaba ya mucho tiempo así, le dijo: ¿Quieres ser sano?» (Juan 5:6).

Esa es una pregunta o cruel o muy profunda y perspicaz; obviamente es lo segundo, porque la hizo Jesús. «Señor, le respondió el enfermo, no tengo quien me meta en el estanque cuando se agita el agua; y entre tanto que yo voy, otro desciende antes que yo. Jesús le dijo: Levántate, toma tu lecho, y anda. Y al instante aquel hombre fue sanado, y tomó su lecho, y anduvo. Y era día de reposo aquel día» (vv. 7-9). El contexto revela que en realidad el hombre no quería estar bien. Nunca pidió a Jesús que lo sanara, y siempre tenía la excusa de por qué otros entraban al estanque y él no. «Después le halló Jesús en el templo, y le dijo: Mira, has sido sanado; no peques más, para que no te venga alguna cosa peor. El hombre se fue, y dio aviso a los judíos, que Jesús era el que le había sanado» (vv. 14-15). ¡Este desagradecido en realidad puso a Jesús contra las autoridades religiosas por haberlo sanado en día de reposo!

La clave para una curación es un propósito

¿Quiere usted ser sano? ¿Está dispuesto a humillarse y buscar la ayuda que necesita de Dios y de los demás? ¿Está dispuesto a enfrentar la verdad y a caminar en la luz? ¿Quiere usted una respuesta parcial o la solución definitiva? Debemos hacer estas preguntas difíciles por su bien. Más de 50% de las personas que luchan con la depresión nunca piden ayuda ni buscan tratamiento para su depresión. Hay respuestas adecuadas para la depresión, pero es necesario que usted desee sanar y que esté dispuesto a hacer lo que sea necesario para ser libre. La clave para cualquier cura es un propósito. No estamos ofreciendo un remedio rápido ni una respuesta parcial. Si usted sigue el procedimiento en este capítulo en el orden sugerido tendrá una respuesta comprensiva y adecuada para su depresión.

La recuperación empieza al decir: «Tengo un problema y necesito ayuda». Su diligencia al leer hasta este punto demuestra su propósito de buscar la ayuda que necesita para obtener la victoria total. Tenemos un Dios de toda esperanza. Él es «nuestro amparo y fortaleza, nuestro pronto auxilio en las tribulaciones» (Salmo 46:1). La historia del tullido revela que Dios es totalmente capaz de sanar personas incluso contra la voluntad de ellas y a pesar de su fe. Tenga la seguridad que su Padre celestial será fiel en cumplir su palabra y su pacto: «Jesucristo es el mismo ayer, y hoy, y por los siglos» (Hebreo 13:8). Por tanto, sugerimos los siguientes pasos para vencer la depresión:

1. Sométase a Dios y resista al diablo
Mateo 6:33; Santiago 4:7

Si usted desea curarse, y si está dispuesto a asumir la responsabilidad de sus actitudes y acciones, creemos que hay esperanza para usted. E. Stanley Jones afirmó: «Puse a los pies de Cristo un ego del que me avergonzaba, que no podía controlar, y con el que no podía vivir; y para mi gran asombro Él agarró ese ego, lo rehízo, lo consagró para

> **EL SEÑOR PUEDE HACER MARAVILLAS CON UN CORAZÓN ROTO SI UNO LE ENTREGA TODOS LOS PEDAZOS.**

propósitos del reino y me lo devolvió, un ego con el que ahora puedo vivir alegre, gozosa y cómodamente».[1]

Le animamos a confiar en Dios sometiéndose a Él y a sus caminos, y buscando una respuesta integral. Solo Él puede vendar a los quebrantados de corazón y liberar a los cautivos. El Señor puede hacer maravillas con un corazón roto si usted le entrega todos los pedazos.

En nuestro mundo occidental, nos han condicionado a buscar primero toda explicación y curación natural posible. Cuando esta no se obtiene, *no queda nada más que orar*. La Biblia tiene un orden diferente: «Buscad primeramente el reino de Dios y su justicia, y todas estas cosas os serán añadidas» (Mateo 6:33). Orar es lo primero que un cristiano debe hacer respecto a cualquier cosa. Sugerimos la siguiente oración para comenzar el proceso de recuperación:

> *Padre celestial: llego ante ti como tu hijo. Declaro mi total dependencia en ti, y reconozco que separado de Cristo nada puedo hacer. Gracias por enviar a Jesús a morir en mi lugar para que mis pecados se puedan perdonar. Te alabo por tu poder resucitador que levantó a Jesús de la tumba para que yo también tuviera vida eterna. Decido creer la verdad de que el diablo está derrotado y que ahora estoy sentado con Cristo en los lugares celestiales. Por consiguiente, decido creer que tengo el poder y la autoridad para hacer tu voluntad, y para ser quien tenías en mente al crearme. Someto mi cuerpo a ti como sacrificio vivo, y te pido que me llenes de tu Espíritu Santo. Nada deseo más que conocer tu voluntad y hacerla, creyendo que es buena, perfecta y aceptable para mí. Invito al Espíritu de verdad que me guíe a toda verdad para que yo pueda experimentar mi libertad en Cristo. De hoy en adelante decido caminar en la luz y hablar la verdad en amor. Reconozco mi dolor ante ti, y confieso mis pecados, mis dudas, y mi falta de confianza. Ahora te invito a escudriñar mi corazón, a probar mis caminos y a mirar cualquier herida que haya dentro de mí; entonces me llevarás a través del camino eterno por el poder y la guía de tu Espíritu Santo.*
>
> *Oro en el precioso nombre de Jesús. Amén.*

Busque una relación íntima con Dios

Una respuesta integral exigirá antes que nada la presencia de Dios en su vida. Jesús no es un poder superior impersonal. Él es nuestro Señor y Salvador que tomó forma de hombre y moró entre nosotros. Fue tentado en toda forma y sufrió una muerte humillante y atroz para que pudiéramos tener acceso a nuestro Padre celestial. Jesús nos invita a *ir* hacia Él. Cristo dijo: «Vengan a mí» (Mateo 19:14; Marcos 10:14, *NVI*). Él no nos invita a una estructura física o programa de iglesia; nos invita a entrar en la misma presencia de Dios. Necesitamos su presencia en nuestras vidas, porque Él es la fuente y fortaleza de nuestras vidas. En Hebreos se nos hace otra invitación: «Acerquémonos con corazón sincero, en plena certidumbre de fe, purificados los corazones de mala conciencia, y lavados los cuerpos con agua pura. Mantengamos firme, sin fluctuar, la profesión de nuestra esperanza, porque fiel es el que prometió» (10:22-23).

La mayor crisis que sufrió alguna vez la humanidad fue cuando Adán y Eva perdieron su relación con Dios. La única respuesta perdurable es reestablecer una relación íntima con el Señor, quien es nuestra única esperanza. Lo que Adán y Eva perdieron fue vida, y lo que Jesús vino a darles a ellos y a nosotros fue vida. En el momento en que nacemos de nuevo tenemos esa vida espiritual o eterna, la cual está establecida por la sangre del Señor Jesucristo y su resurrección. Conservamos esa relación viviendo en armonía y de corazón sincero con nuestro Padre celestial. Quizá esto requiera la resolución de ciertos conflictos personales y espirituales entre nosotros mismos y Dios.

Los Pasos Hacia la Libertad en Cristo le ayudan a resolver cualquier conflicto que pueda existir entre usted y su Padre celestial por medio del arrepentimiento y la fe en Él (vea capítulo tres). Esencialmente, el proceso ayuda a someterse a Dios y resistir al diablo (vea Santiago 4:7). Hacer eso elimina en usted la influencia del diablo y lo conecta con el Señor en una manera personal y poderosa. Usted podrá entonces experimentar la paz de Dios que protege su corazón y su mente (vea Filipenses 4:7), y sentirá al Espíritu Santo dando testimonio a su espíritu de que usted es hijo de Dios (vea Romanos 8:16). Ahora por la gracia del Señor usted podrá procesar los asuntos restantes en este capítulo.

Muchas personas podrán procesar los Pasos por sí mismas, porque Jesús mismo es el admirable consejero. Las posibilidades de que eso ocurra aumentan en gran manera si usted lee mis dos primeros libros: *Victoria sobre la oscuridad* (Unilit, 1994) y *Rompiendo las cadenas* (Unilit, 1994). Le animamos a estar a solas con el Señor y a sacar de tres a cuatro horas para pasar el proceso. Busque un lugar tranquilo donde no lo interrumpan y donde pueda pasar verbalmente por los Pasos. Usted no tiene nada que perder al pasar por este proceso de someterse a Dios y resistir al diablo, pero tiene mucho que ganar. Los Pasos no son más que un intenso inventario moral diseñado para ayudarle a «limpiar la casa» y hacer espacio a fin de que Jesús reine en su templo. Es nuestra experiencia que los casos graves requieren la ayuda de un hombre de Dios que sepa alentar. Si usted quiere curarse de veras, no dude en pedir ayuda a un pastor o consejero centrado en Cristo.

Establézcase como hijo de Dios

Conocer a Dios, y saber quiénes somos en Cristo, son las dos creencias más esenciales que nos permiten llevar una vida victoriosa. El Señor nos ama porque Él es amor. Está en su naturaleza amarnos. Él no puede hacer otra cosa. El Señor es omnipotente; por tanto, todo lo podemos en Cristo que nos fortalece (vea Filipenses 4:13). Dios es omnisciente; por ende, Él conoce los pensamientos y las intenciones de nuestro corazón (vea Hebreos 4:12-13). Él sabe lo que necesitamos, y puede suplir esa necesidad. El Señor es omnipresente; en consecuencia, no estamos solos. Él nunca nos dejará ni nos abandonará. Hemos llegado a ser partícipes de su naturaleza divina, porque nuestra alma está en unión con Dios (vea 2 Pedro 1:4). Eso es lo que significa estar espiritualmente vivos *en* Cristo. Si lo hemos recibido en nuestra vida, Él ha derrotado al diablo, ha perdonado nuestros pecados, nos ha dado vida eterna y nos ha hecho sus hijos. «A todos los que le recibieron, a los que creen en su nombre, les dio potestad de ser hechos hijos de Dios» (Juan 1:12).

Al final de este capítulo hay una página con un apéndice que usted puede usar. En un lado está una lista de citas bíblicas que afirman que usted está en Cristo, y que muestran cómo él suple sus necesidades de aceptación, seguridad e importancia. En el otro lado está el Pacto del Vencedor en Cristo, que se basa en su posición en Cristo. Cuando usted se sienta desanimado y deprimido, esto le ayudará a reenfocar su mente en la verdad de quién es usted en Cristo y de la posición que usted tiene en Él.

2. Presente su cuerpo a Dios como sacrificio vivo

Romanos 12:1

La depresión es un problema multifacético que afecta cuerpo, alma y espíritu. Por tanto, una cura global para este mal requiere una respuesta integral. Existen muchas formas de depresión biológica, las cuales se pueden detectar por medio de exámenes médicos y pruebas completas de sangre. Sin embargo, no será suficiente un chequeo médico básico de diez minutos, ni ver un psiquiatra o médico que *solo* interprete los síntomas para recetar medicinas antidepresivas. Si su depresión es principalmente endógena, usted querrá alguna evidencia confirmadora que certifique el tratamiento médico. Busque un médico o psiquiatra que administre los exámenes adecuados, que entienda la enfermedad psicosomática, y que comprenda el valor del ejercicio, las vitaminas y los suplementos

Hay muchas otras formas de depresión biológica que se pueden diagnosticar y tratar. Un desorden del sistema endocrino puede producir síntomas de depresión. El sistema endocrino incluye tiroides, paratiroides, timo, páncreas y glándulas adrenales. El sistema endocrino produce hormonas que se liberan directamente en el sistema sanguíneo. La glándula tiroides controla el metabolismo. Un mal funcionamiento de la tiroides (como hipotiroidismo) ocasionará cambios en el estado de ánimo, entre ellos depresión. El metabolismo del azúcar es de importancia especial para mantener la estabilidad física y emocional. La hipoglucemia (es decir, baja de azúcar en la sangre) puede estar acompañada por inestabilidad emocional.

La glándula pituitaria en el cerebro produce ACTH, hormona que estimula las glándulas adrenales. El mal funcionamiento de cualquier glándula producirá comportamiento aletargado y depresión. En el capítulo tres, analizamos el problema del agotamiento de la adrenalina debido a estrés prolongado. Parte del proceso de recuperación incluye suficiente descanso y dieta complementada con vitaminas del complejo B. Tal vez algunas personas necesiten inyecciones de vitamina B12. Existen varias causas de deficiencia de B12, pero la más común es el envejecimiento. Al envejecer, nuestros estómagos producen menos ácidos de los necesarios para extraer B12 de los alimentos.

El hecho de que las mujeres sufran más depresión que los hombres se debe a su naturaleza biológica: «Los órganos reproductores femeninos son muy propensos a crear cambios de estado de ánimo. La depresión en la llegada de la menstruación, el síndrome premenstrual (SPM), el uso de píldoras anticonceptivas, el embarazo, las reacciones del postparto y la menopausia giran en torno del sistema reproductor femenino. Y como lo entendemos actualmente, el sistema está lleno de riesgos de depresión».[2]

Se pueden eliminar muchos síntomas de depresión biológica cuando se asume la responsabilidad de llevar una vida equilibrada que incluya descanso, ejercicio y dieta. Para que usted viva de manera sana debe estar orientado a la salud, no a la enfermedad. Es la misma dinámica de ganar la batalla por la mente. La respuesta no es renunciar a todas las mentiras, sino escoger la verdad. Sin embargo, si usted no está consciente de que existen mentiras, y si hace caso omiso a lo que su cuerpo le está diciendo, lo más probable es que caiga víctima de la enfermedad y del padre de mentiras. Siempre que sienta que se está deslizando hacia una depresión, no sucumba, hágase cargo de su vida orando:

> *Amado Padre celestial, me someto a ti como tu hijo, y me declaro totalmente dependiente de ti. Cedo mi cuerpo a ti como un sacrificio vivo, y te pido que me llenes con tu Espíritu Santo. Renuncio a las mentiras del diablo, y decido creer la verdad que revelas en tu Palabra. Resisto al diablo y ordeno que todo espíritu maligno salga de mi presencia. Ahora me comprometo a ti y comprometo mi cuerpo a ti como instrumento de justicia. Oro en el precioso nombre de Jesús. Amén.*

3. SEA TRANSFORMADO POR LA RENOVACIÓN DE SU ENTENDIMIENTO

Romanos 12:2

La depresión se puede dividir en dos categorías. Una está relacionada con el estilo de vida, y la otra la precipita alguna crisis. Por depresión se entiende un estado depresivo que empieza en la tierna infancia o que ha existido por muchos años. También existe la posibilidad de que la depresión por estilo de vida tenga conexiones hereditarias, lo cual es más probable con la depresión bipolar que con la unipolar. En tales casos se podría requerir medicación junto con consejo piadoso para la recuperación total. Sin embargo, es mucho más común que la causa de la depresión por estilo de vida se deba a una educación opresiva o un ambiente de opresión que creara o comunicara una sensación de desesperanza e impotencia.

La sensación de impotencia adquirida se puede revertir al renovarse la mente. Con el tiempo nuestros cerebros se han programado para pensar negativamente respecto de nosotros, de nuestras circunstancias y de nuestros futuros. Estos pensamientos negativos y estas mentiras se han arraigado profundamente. Ha habido miles de ensayos mentales que se han añadido a los sentimientos que experimentamos ahora mismo. La tendencia natural es cavilar en esos pensamientos negativos. Daniel Goleman, articulista del *New York Times*, explica en su libro *Emotional Intelligence*: «Uno de los factores influyentes de que un estado de ánimo depresivo persista o desaparezca es el nivel en que la gente cavile en este. Parece que preocuparnos por lo que nos está deprimiendo hace que la depresión sea más prolongada e intensa».[3]

¿Cómo ganar la batalla de la mente? ¿Debe reprender todo pensamiento negativo? Si lo intenta, se pasará la vida haciéndolo. Usted será como un individuo varado en medio de un lago con un martillo en la mano tratando de sumergir doce corchos que flotan alrededor de su cabeza. Toda su energía se gastaría tratando de hacer que los corchos se sumerjan mientras trata de mantenerse a flote. En vez de eso, usted debe hacer caso omiso de los corchos y nadar hasta la orilla. Usted vence al padre de mentiras prefiriendo la verdad; y puede hacer eso si logra someterse a Dios y resistir al diablo.

Hay una diferencia importante entre ganar la batalla espiritual por su mente y el creciente proceso a largo plazo de renovar su entendimiento. No lleva mucho tiempo establecer su libertad en Cristo, pero necesitará el resto de su vida para renovar su mente y conformarse a la imagen de Dios. No existe madurez instantánea, pero la capacidad de experimentar su libertad en Cristo puede ocurrir en un período relativamente corto. Una vez que usted ha establecido su identidad y libertad en Cristo, el proceso de renovar su mente es bastante fácil. Por eso le animamos a dar primero Los Pasos Hacia la Libertad en Cristo.

Es necesario cambiar falsas creencias y actitudes para vencer la depresión. El mundo lo derribará y el diablo lo acusará, pero usted no tiene que creerle a ninguno de los dos; debe llevar todo pensamiento cautivo a la obediencia a Cristo. Es decir, tiene que creer la verdad como está revelada en la Palabra de Dios. Usted no vence al padre de mentiras por investigación o razonamiento; lo vence por revelación. En la oración sacerdotal, Jesús elevó una petición a nuestro Padre celestial a favor de nosotros:

> Ahora voy a ti; y hablo esto en el mundo, para que tengan mi gozo cumplido en sí mismos. Yo les he dado tu palabra; y el

mundo los aborreció, porque no son del mundo, como tampoco yo soy del mundo. No ruego que los quites del mundo, sino que los guardes del mal. No son del mundo, como tampoco yo soy del mundo. Santifícalos en tu verdad; tu palabra es verdad (Juan 17:13-17).

El Señor no nos quitará de lo negativo de este mundo caído. Sin embargo, la verdad de la Palabra de Dios nos santifica y nos protege. Jesús afirmó: «Estas cosas os he hablado para que en mí tengáis paz. En el mundo tendréis aflicción; pero confiad, yo he vencido al mundo» (Juan 16:33). La renovación de nuestra mente con verdad no continuará si usted no se esfuerza activamente para mantenerla. David dijo: «En tus mandamientos meditaré; consideraré tus caminos. Me regocijaré en tus estatutos; no me olvidaré de tus palabras» (Salmo 119:15-16). Toda fortaleza mental enemiga que se derriba en Cristo hace que sea más fácil derribar la próxima. Todo pensamiento que llevemos cautivo hace que sea más fácil entregar el siguiente. La depresión por estilo de vida es consecuencia de golpes repetidos que vienen al vivir en un mundo caído. Repetir una y otra vez la verdad es la clave para renovar nuestra mente.

4. Comprométase a un buen comportamiento

Filipenses 4:9

No nos liberamos instantáneamente de la depresión por estilo de vida; tenemos que ir dejándola atrás poco a poco. Se necesita tiempo para renovar nuestra mente, pero no se necesita tiempo para cambiar nuestra conducta, lo cual facilita el proceso de renovación de la mente, y también afecta positivamente el modo en que nos sentimos. Cuando Caín y Abel llevaron sus ofrendas al Señor, Dios «no miró con agrado a

Caín y a la ofrenda suya. Y se ensañó Caín en gran manera, y decayó su semblante. Entonces Jehová dijo a Caín: ¿Por qué te has ensañado, y por qué ha decaído tu semblante? Si bien hicieres, ¿no serás enaltecido? y si no hicieres bien, el pecado está a la puerta; con todo esto, a ti será su deseo, y tú te enseñorearás de él» (Génesis 4:5-7). En otras palabras, no es cuestión de sentir que nos comportamos bien, sino que a base de comportarnos bien nos sentimos bien. Si esperamos hasta sentir que estamos haciendo lo correcto, probablemente nunca lo haremos. Jesús dijo: «Si sabéis estas cosas, bienaventurados seréis si las hiciereis» (Juan 13:17).

Por eso algunas intervenciones para curar la depresión se enfocan en la conducta. Se ayuda a los deprimidos haciéndoles participar en actividades que los sacan de sus estados negativos de ánimo. Vaya a trabajar aunque no sienta deseos de levantarse de la cama. Planee una actividad y concéntrese en ella. Haga más ejercicio físico, y comprométase a seguir con sus planes. Usted se podrá *sentir* cansado, pero su cuerpo necesita ejercicio. Empiece con un programa aeróbico de bajo impacto o con caminatas con amigos y miembros de la familia. Continúe con sus deberes rutinarios aunque sienta que no tiene energía. Estas intervenciones o actividades conductuales son solo un inicio en el desarrollo de un estilo de vida sano. Si estas actividades son demasiado difíciles o físicamente imposibles, busque un tipo de ayuda médica que lo vuelva a poner de pie.

Existen ciertos comportamientos negativos que solamente contribuirán a la depresión. Ahogar sus tristezas con drogas o alcohol está en la cima de esta lista destructiva. La gente busca las drogas o el alcohol para medicar su dolor y calmarse la mente, para así sobrellevar las dificultades de la vida. Aunque este podría ser un alivio temporal, solo contribuye más a la depresión. Para entender cómo vivir en una situación opresiva que puede resultar en depresión y alcoholismo, lea el libro de Neil Anderson y Mike Quarles, *Venzamos esa conducta adictiva* (Editorial Unilit, 2005).

5. BUSQUE RELACIONES SIGNIFICATIVAS

Hebreos 10:24-25

Uno de los principales síntomas de la depresión es apartes de sus relaciones importantes. Aislarse y estar a solas con sus pensamientos negativos solo contribuirá a la espiral descendente. Usted podrá sentir que necesita estar solo, pero debe estar en contacto con las personas adecuadas. Sin embargo, las malas asociaciones y relaciones solamente lo deprimen: «No erréis; las malas conversaciones corrompen las buenas costumbres» (1 Corintios 15:33). Sugerimos que vea a su pastor o que busque en su comunidad un pastor o consejero cristiano. Háblele de su lucha con la depresión, y pregúntele qué pueden ofrecerle en cuanto a compañerismo. Una buena iglesia tendrá muchas actividades importantes y pequeños grupos de discipulado en los cuales usted puede obtener la oración y el cuidado que necesita.

Cualquiera que ha sufrido de depresión por estilo de vida durante cualquier cantidad de tiempo tendrá una o dos personas a quienes debe perdonar, y alguien con quien se debe reconciliar. La mayoría de estos asuntos se resolverán durante los Pasos. Con relación a la necesidad de buscar el perdón de otros, Jesús manifestó: «Si traes tu ofrenda al altar, y allí te acuerdas de que tu hermano tiene algo contra ti, deja allí tu ofrenda delante del altar, y anda, reconcíliate primero con tu hermano, y entonces ven y presenta tu ofrenda» (Mateo 5:23-24). Si usted debe perdonar a alguien, vaya a Dios; pero si ha ofendido o lastimado a alguien, no vaya a la iglesia sino a esa persona y reconcíliese. Si no lo hace tendrá poca paz mental.

6. SUPERE SUS PÉRDIDAS

Filipenses 4:8

La depresión reactiva es diferente de la depresión por estilo de vida, porque algunos acontecimientos específicos la detonan. Una pérdida puede ser verdadera, amenazada o imaginaria. Una pérdida imaginaria es a menudo un pensamiento negativo (mentira) que se creyó. Recuerde la espiral descendente que inició Elías cuando creyó una mentira y temió más a Jezabel que a Dios (vea capítulo seis). Todo el mundo experimenta pérdidas. El modo en que manejemos cualquier crisis determinará la rapidez con que nos recuperaremos de la pérdida y lo bien que nos conformaremos a la imagen de Dios. Los pasos siguientes le ayudarán a sobreponerse a sus pérdidas.[4]

Identifique toda pérdida
La mayoría de las pérdidas son fáciles de reconocer, pero algunas no. Cambiar de empleo o mudarse a una nueva localidad puede precipitar una depresión. Aunque las dos causas podrían mejorar la posición social y la base económica de una persona, algo se podría perder en la transición. La relación podría ser de familia, iglesia, amistades y lugares conocidos. Muchas pérdidas son multifacéticas. Por ejemplo, la pérdida de un trabajo también podría incluir pérdida de salarios, posición social, respeto, etc.

Las personas no reaccionan del mismo modo a las pérdidas porque tienen distintos valores y diferentes niveles de madurez. Para ir más allá de la negación, y seguir con el proceso de sufrir, deben entender qué se está perdiendo o ya se ha perdido. Los individuos se pueden deprimir porque no obtienen el empleo que esperaban o el ascenso que querían. Algunos planean su vida de cierta manera, y sus sueños se despedazan.

Separe las pérdidas concretas de las abstractas
Las pérdidas concretas se pueden ver, tocar, medir y definir. Las pérdidas abstractas se refieren a metas, sueños e ideas personales. Vencer pérdidas concretas es por lo general más fácil, porque son más definibles. Varían desde perder un juego de cartas a perder una pierna. Para la mayoría no sería muy deprimente perder un juego de cartas, pero sería muy deprimente que usted perdiera la última partida si está

representando a los Estados Unidos en el campeonato mundial de bridge. Las pérdidas abstractas se relacionan profundamente con quiénes somos y por qué estamos aquí. Muchas pérdidas concretas, como perder un empleo, están contaminadas con pérdidas abstractas. Usted podría encontrar un nuevo empleo la semana siguiente, pero permanecer deprimido porque siente el dolor del rechazo y erróneamente se cree un fracaso. Esa es otra razón de por qué es importante comprender quiénes somos en Cristo, y encontrar nuestra aceptación, seguridad y significado en Él.

Separe las pérdidas verdaderas de las imaginarias o amenazadas
Usted no puede procesar una pérdida imaginaria o amenazada de la misma manera que puede procesar una pérdida verdadera. En una pérdida verdadera, puede enfrentar la verdad, llorar la pérdida y hacer los cambios necesarios que hacen posible seguir viviendo en un modo significativo.

Transforme las pérdidas imaginarias o intimidantes
Las pérdidas imaginarias son distorsiones de la realidad. Se basan en sospechas o mentiras que creemos, o en suposiciones que hacemos. La mente supondrá ciertas cosas sin tener los datos precisos. La mente nunca supondrá lo mejor. No siempre actuamos sobre la base de nuestras suposiciones; si lo hiciéramos seríamos contados entre los necios, porque por medio de la suposición no llega nada más que contiendas (vea Proverbios 13:10). La gente pesa varias posibilidades y consecuencias en su mente hasta que se deprime. En vez de eso, verifique sus suposiciones y luego siga el consejo de Pedro:

> Depositen en él toda ansiedad, porque él cuida de ustedes. Practiquen el dominio propio y manténganse alerta. Su enemigo el diablo ronda como león rugiente, buscando a quién devorar. Resístanlo, manteniéndose firmes en la fe (1 Pedro 5:7-9, *NVI*).

Las amenazas de pérdidas tienen el potencial de ser pérdidas verdaderas. Incluyen aspectos como la posibilidad de un despido en el trabajo o un cónyuge que amenaza irse. Tales amenazas pueden precipitar una depresión, pero las pérdidas no se pueden procesar porque en el momento actual no tienen carácter definitivo. Es bueno pensar en cuál podría ser el peor escenario, y luego preguntarnos: *¿Podremos soportarlo?* Esto nos prepara para lo temporal. Todos enfrentamos pérdidas potenciales. Nadie tiene el derecho de determinar quiénes somos, y nadie puede impedir que seamos quien Dios tuvo en mente al crearnos. Por consiguiente, cuando alguien lo amenace, reaccione de la manera que Pedro aconseja:

> ¿Y quién es aquel que os podrá hacer daño, si vosotros seguís el bien? Mas también si alguna cosa padecéis por causa de la justicia, bienaventurados sois. Por tanto, no os amedrentéis por temor de ellos, ni os conturbéis, sino santificad a Dios el Señor en vuestros corazones, y estad siempre preparados para presentar defensa con mansedumbre y reverencia ante todo el que os demande razón de la esperanza que hay en vosotros; teniendo buena conciencia, para que en lo que murmuran de vosotros como de malhechores, sean avergonzados los que calumnian vuestra buena conducta en Cristo. Porque mejor es que padezcáis haciendo el bien, si la voluntad de Dios así lo quiere, que haciendo el mal (1 Pedro 3:13-17).

Estas son cuestiones de crecimiento, no terminales, si se entiende la vida desde una perspectiva eterna. ¿Qué es lo peor que puede ocurrir? La muerte. Sin embargo, ¿es tolerable la muerte? Pablo dijo: «Para mí el vivir es Cristo, y el morir es ganancia» (Filipenses 1:21). Ponga cualquier cosa en la fórmula, y el resultado es pérdida. *Para mí vivir es mi salud; entonces morir sería pérdida. Para mí vivir es mi familia; entonces morir sería pérdida.* Esta no es una licencia para suicidarse; es una verdad liberadora que nos permite llevar una vida responsable. La persona que está libre del miedo a la muerte es libre para vivir hoy de manera responsable.

Haga más llevadero el dolor

La respuesta natural a cualquier crisis es negar que ocurre de veras, enojarse porque ocurrió y luego tratar de alterar la situación negociando con Dios o con los demás. Cuando eso no da resultado, uno se siente deprimido. Uno no puede eludir el sufrimiento, pero puede acortarlo al valorar a fondo la pérdida. Es una realidad el hecho de que ciertas pérdidas son depresivas. Duele perder algo que tiene valor. Uno no puede procesar por completo una pérdida a menos que enfrente el impacto total de la pérdida. Es probable que Jesús tuviera esto en mente cuando afirmó: «Bienaventurados los que lloran, porque ellos recibirán consolación» (Mateo 5:4).

Enfrente la realidad de la pérdida

Solo después que usted haya enfrentado el impacto total de la pérdida está listo para lidiar con la realidad de la pérdida. Esta es la coyuntura crítica. ¿Renunciará usted a la vida, sucumbirá ante la depresión y se marginará, o aceptará lo que no puede cambiar y olvidarse de la pérdida? Usted puede sentir autocompasión por el resto de la vida, o puede decidirse a aceptar la pérdida y aprender a seguir adelante de manera significativa.

Desarrolle una perspectiva bíblica de la pérdida

Los sufrimientos y las tribulaciones de la vida tienen la intención de producir un carácter probado. Sufrimos por causa de la justicia. Potencialmente podemos salir de cualquier crisis siendo mejores personas que antes. Las pérdidas son inevitables. No tienen la intención de destruirnos, pero revelarán quiénes somos. Muchas personas han descubierto la verdad de quiénes son en Cristo como consecuencia directa de pérdidas. Toda pérdida posterior solo profundiza esa realidad, perfecciona nuestro carácter y nos prepara para un ministerio más grande aun.

Renueve su mente con la verdad de quién es usted en Cristo
Todos seremos víctimas de pérdidas y maltratos. En nuestra tristeza podemos hundirnos, culpar a otros, afirmar que la vida es injusta y estar deprimidos por el resto de la vida. Si permanecemos como víctimas es porque queremos. No somos solo productos de nuestro pasado; somos nuevas criaturas en Cristo. Nada ni nadie puede impedir que nos convirtamos en quienes Dios tenía en mente al crearnos.

Igual que el apóstol Pablo, estimamos todas las cosas como pérdida por el insuperable valor de conocer a Cristo nuestro Señor: «Nosotros que vivimos, siempre estamos entregados a muerte por causa de Jesús, para que también la vida de Jesús se manifieste en nuestra carne mortal» (2 Corintios 4:11).

7. NO SE AFERRE
Efesios 4:31-32

Una mujer dijo que su mejor amiga huyó con su esposo diez años atrás. Aquella increíble traición y deslealtad le dolió mucho. Pensaba que aquellos adúlteros habían arruinado su vida, y que no había nada que se pudiera hacer al respecto. Por diez años estuvo sumida en la amargura y la depresión. Su mente albergaba sentimientos de rencor y maquinaciones de venganza. Neil le dijo: «Te veo con un puño extendido hacia el cielo y Dios te tiene agarrada. Tu otro puño está colgado de tu pasado y no estás dispuesta a soltarlo. Ni siquiera estás agarrada de Dios, pero tu Padre celestial te tiene agarrada a ti, su hija amada. ¿No es tiempo de soltar? Solamente te estás haciendo daño». Al final de la conferencia la mujer pasó por Los Pasos Hacia la Libertad en Cristo, y se soltó. Al otro día cantaba en el coro con un semblante que representaba a una hija de Dios liberada.

Soltemos nuestro pasado y agarrémonos de Dios. Esa es su única esperanza. Quizá estos pensamientos le ayuden a hacerlo:

> **SOLTEMOS NUESTRO PASADO Y AGARRÉMONOS DE DIOS. ESA ES SU ÚNICA ESPERANZA.**

Una vez conservé en mi puño bien apretado... cenizas. Cenizas de una quemadura que infligieron en mi cuerpo de diez años de edad. Cenizas que no pedí. La cicatriz fue contra mi voluntad. Y por diecisiete años ardió el fuego. Mantuve el puño cerrado en secreto, aborreciendo esas cenizas, pero queriéndome librar de ellas. Sin estar seguro que podría. Sin convencerme de que valía la pena. Estropeando todo lo que tocaba, y dejando manchas negras en todas partes... o así parecía. Trataba de repararlo todo, pero las marcas estaban siempre allí para recordarme que no podía hacerlo. No podía de veras. ¡Pero Dios pudo! Su dulce Espíritu Santo habló una noche a mi corazón en medio de mis lágrimas de desesperación. Susurró: «Quiero darte belleza a cambio de tus cenizas, aceite de gozo por tu tristeza, y vestidura de alabanza por tu espíritu de pesadez». Yo nunca había oído un trato como este: ¿Belleza? ¿Belleza a cambio de cenizas? ¿Mis tristes recuerdos manchados a cambio de su Palabra sanadora? ¿Mis sueños como hollín a cambio de sus cánticos en la noche? ¿Mis emociones indefensas y heridas a cambio de su paz eterna?

¿Cómo podría ser yo tan rebelde para rechazar un ofrecimiento como aquel? Así que con gusto, pero con gesto lento, acepté, mientras sollozaba, abrí mis torcidos dedos y dejé que las cenizas cayeran a tierra. En silencio oí que el viento las esparcía. Lejos de mí... para siempre. Ahora puedo poner mis manos abiertas con suavidad alrededor del puño de otra alma herida, y decir con confianza: «Suéltalas. En realidad hay belleza más allá de tu comprensión. Adelante, confía en él. Su belleza a cambio de tus cenizas».[5]

En Cristo

Soy aceptado en Cristo

Juan 1:12	Soy hijo de Dios.
Juan 15:15	Soy amigo de Cristo.
Romanos 5:1	He sido justificado.
1 Corintios 6:17	Estoy unido con el Señor, y soy uno con Él en espíritu.
1 Corintios 6:19-20	He sido comprado por precio. Pertenezco a Dios.
1 Corintios 12:27	Soy miembro del Cuerpo de Cristo.
Efesios 1:1	Soy un santo.
Efesios 1:5	He sido adoptado como hijo de Dios.
Efesios 2:18	Tengo acceso directo del Señor por medio del Espíritu Santo.
Colosenses 1:14	He sido redimido y perdonado de todos mis pecados.
Colosenses 2:10	Estoy completo en Cristo.

Estoy seguro en Cristo

Romanos 8:1-2	Estoy libre de toda condenación.
Romanos 8:28	Tengo la seguridad de que todas las cosas obran para bien.
Romanos 8:31-34	Estoy libre de toda acusación contra mí.
Romanos 8:35-39	Nada me puede separar del amor de Dios.
2 Corintios 1:21-22	El Señor me ha establecido, ungido y sellado.
Filipenses 1:6	Confío en que se perfeccionará la obra que Dios ha empezado en mí.
Filipenses 3:20	Soy un ciudadano del cielo.
Colosenses 3:3	Estoy escondido con Cristo en Dios.
2 Timoteo 1:7	No se me ha dado un espíritu de temor sino de poder, amor y dominio propio.
Hebreos 4:16	Puedo encontrar gracia y misericordia para ayudar en tiempos de necesidad.
1 Juan 5:18	Soy nacido de Dios, y el diablo no puede tocarme.

Soy importante en Cristo

Mateo 5:13-14	Soy la sal y la luz de la tierra.
Juan 15:1,5	Soy un pámpano de la vid verdadera, un canal de su vida.
Juan 15:16	He sido escogido y señalado para llevar fruto.
Hechos 1:8	Soy un testigo personal de Cristo.
1 Corintios 3:16	Soy un templo de Dios.
2 Corintios 5:17-21	Soy ministro de reconciliación para Dios.
2 Corintios 6:1	Soy colaborador de Dios.
Efesios 2:6	Estoy sentado con Cristo en el reino celestial.
Efesios 2:10	Soy hechura de Dios.
Efesios 3:12	Tengo acceso a Dios con libertad y confianza.
Filipenses 4:13	Todo lo puedo en Cristo que me fortalece.

Pacto del Vencedor en Cristo

1. Pongo toda mi confianza en el Señor, y no en la carne. Me declaro dependiente de Dios.
2. Consciente y deliberadamente decido someterme a Dios y resistir al diablo, negándome a mí mismo, tomando mi cruz y siguiendo diariamente a Jesús.
3. Decido humillarme ante la mano poderosa de Dios para que Él pueda exaltarme a su debido tiempo.
4. Declaro la verdad de que estoy muerto al pecado —libre de él— y que vivo para Dios en Jesucristo, puesto que he muerto con Cristo y fui resucitado con Él.
5. Con mucho gusto acepto la verdad de que ahora soy un hijo de Dios incondicionalmente amado y aceptado. Rechazo la mentira de que tengo que hacer algo para ser aceptado, y rechazo mi identidad natural y caída que arrastraba del mundo.
6. Declaro que el pecado ya no me dominará, porque no estoy bajo la ley. Estoy bajo la gracia, y no hay más culpa ni condenación porque espiritualmente estoy vivo en Cristo Jesús.
7. Renuncio a todo uso perverso de mi cuerpo, y me comprometo a no conformarme más a este mundo sino a ser transformado por la renovación de mi entendimiento. Decido creer la verdad y caminar en ella, a pesar de mis sentimientos o circunstancias.
8. Me comprometo a llevar todo pensamiento cautivo a la obediencia a Cristo, y decido pensar en lo verdadero, honesto, justo, puro y amable.
9. Me comprometo al gran propósito de Dios para mi vida: conformarme a su semejanza. Sé que enfrentaré muchas tribulaciones, pero Dios me ha dado la victoria. No soy una víctima sino un vencedor en Cristo.
10. Decido adoptar una actitud en Cristo, que significa no hacer nada por egoísmo o vana presunción sino con mentalidad humilde. Consideraré a los demás como superiores a mí mismo, y no solo cuidaré mis intereses personales sino también los de los demás. Sé que es más bienaventurado dar que recibir.

NOTAS

Introducción
1. Es un hecho establecido que las personas enferman físicamente por razones mentales, emocionales y espirituales. El cálculo mínimo es 50%, y se oye hablar de que hasta 75% de las enfermedades son psicosomáticas. Al menos 25% de las «curaciones» en los evangelios son en realidad liberaciones de espíritus demoníacos.
2. «Depression», National Institute of Mental Health. http://www.nimh.nih.gov/publicat/depression.cfm#intro, ingresado el 24 de marzo del 2003.
3. Michael Burlingame, *The Inner World of Abraham Lincoln*, University of Illinois Press, Urbana, IL., 1994, s.n.
4. Ibíd., p. 40.
5. Ibíd., p. 100.
6. Anthony Storr, *Churchill's Black Dog, Kafka's Mice, and Other Phenomena of the Human Mind*, Grove Press, Nueva York, 1988, s.n.
7. Fuente desconocida.

Capítulo Uno
1. *Denver Post*, 18 de febrero de 1998, p. 106.
2. Fuente desconocida.
3. John Gray, *Men are from Mars, Women Are from Venus*, Harper Collins Publishers, Nueva York, 1992, pp. 30-35.

Capítulo Dos
1. David Burns, M.D., *The Feeling Good Handbook*, Plime, Nueva York, 1989, p. 59.
2. Demitri y Janice Papolos, *Overcoming Depression*, Harper Perennial, Nueva York, 1992, p. 7.
3. Kay Redfield Jamison, *Touched with Fire*, Free Press Paperbacks, Nueva York, 1993.
4. Kay Redfield Jamison, *An Unquiet Mind*, Vintage Books, Nueva York, 1995.
5. León Tolstoi, *Confessions*, W.W. Norton, Nueva York, 1983, pp. 28-29.

6. Fuente desconocida.
7. Michael Lemonick, «The Mood Molecule», *Time*, 29 de septiembre de 1997, p. 75.
8. *Time*, 29 de septiembre de 1997, p. 76.
9. Información médica recopilada en conjunción con Lyle Torguson, M.D., y Stephen King. M.D.
10. Thomas J. Moore, *Prescription for Disaster*, Simon and Schuster, Nueva York, 1998, p. 115.
11. D.A. Kessler, «Introducing MedWatch», *Journal of the American Medical Association*, vol. 269, 1993, pp. 2765-2768.
12. Mitch y Susan Golant, *What to Do When Someone You Love Is Depressed*, Villard Books, Nueva York, 1996, p. 10.
13. Ibid., p. 11.
14. Martin Seligman, *Learned Optimism*, Pocket Books, Nueva York, 1990, pp. 65-66.

Capítulo Tres

1. *Los Pasos Hacia la Libertad en Cristo* es una herramienta útil para ayudar a la gente a resolver sus conflictos personales y espirituales por medio del arrepentimiento y la fe en Dios. Se puede adquirir en Ministerios Libertad en Cristo o en cualquier librería cristiana. La teología y la metodología se explican en Neil T. Anderson, *Discipleship Counseling*, Regal Books, 2003.
2. Demitri y Janice Papolos, *Overcoming Depression*, Harper Perennial, Nueva York, 1992, pp. 88-89.
3. Para mayor información, vea William Backus, *Telling Yourself the Truth*, Bethany Fellowship, 1980, y David Stoop, *Self Talk: Key to Personal Growth*, Fleming H. Revell, 1982.

Capítulo Cuatro

1. Anne Olivier Bell y Andrew McNeillie, eds., *The Diary of Virginia Woolf*, Harcourt, Brace, Jovanovich, Nueva York, 1984, p. 226.
2. Gary R. Collins, *Christian Counseling: A Comprehensive*, Word Publishing, Dallas, TX, 1988, p. 318.
3. Neil T. Anderson y Charles Mylander, *The Christ-Centered Marriage: Discovering and Enjoying Your Freedom in Christ*, Regal Books, Ventura, CA, 1996, p. 108.

4. George Barna, *The Frog in the Kettle*, Regal Books, Ventura, CA, 1990, p. 229; para mayor clarificación, vea Neil T. Anderson y David Park, *Venzamos esa autoimagen negativa*, Editorial Unilit, 2004.
5. David Myers en *Psychology and Christianity*, Eric L. Johnson and Stanton L. Jones eds., InterVarsity Press, Downers Grove, IL, 2000, pp. 62-63.

Capítulo Cinco

1. Frank Mead, *The Encyclopedia of Religious Quotations*, Fleming H. Revell, Westwood, NJ, 1965, p. 234.
2. Sherwood Wirt and Kersten Beckstrom, eds. *Living Quotations for Christians*, Harper and Row, Nueva York, 1974, p. 114.
3. Frank Minirth y otros, *How to Beat Burnout*, Moody Press, Chicago, 1986, p. 135.
4. George Sweeting, comp., *Great Quotes and Illustrations*, Word Books, Waco, TX, 1985, p. 143.

Capítulo Seis

1. Demitri y Janice Papolos, *Overcoming Depression*, Harper Perennial, Nueva York, 1992, p. 89.
2. A fin de ayudarle a usted a establecer límites bíblicos para protegerse de más maltrato, le recomendamos Henry Cloud y John Townsend, *Límites*, Editorial Vida, 2000.
3. Fuente desconocida.
4. Neil T. Anderson, *Victory Over Darkness*, Regal Books, Ventura CA, 2000, p. 115. Título en castellano: *Victoria sobre la oscuridad*, Editorial Unilit, 1994.

Capítulo Siete

1. Fuente desconocida.
2. Martin Seligman, *Learned Optimism*, Pocket Books, Nueva York, 1990, pp. 65-66.
3. Joni Eareckson Tada, radio Enfoque a la Familia, junio de 1993.
4. Jim Elliot, *The Journals of Jim Elliot*, Elisabeth Elliot, ed., Fleming H. Revell, Grand Rapids, MI, 1978. p. 174.
5. Dr. Reinhold Niebuhr, «Oración de la Serenidad».
6. Edwin E. Aldrin, *Return to Earth*, Random House, Nueva York, 1973, citado en *Current Biographic Yearbook*, 1993.

Capítulo Ocho

1. J.I. Packer, *Rediscovering Holiness*, Vine Books, Ann Arbor, MI, 1992, p. 250.
2. Gordon R. Lewis, "Suffering and Anguish," *Zondervan Pictorial Encyclopedia of the Bible*, Merrill C. Tenney ed., Zondervan Publishing House, Grand Rapids, MI, 1976.
3. C.S. Lewis, *The Problem of Pain*, Macmillan, Nueva York, 1962, p. 93.
4. John Freccero, *Dante: The Poetics of Conversion*, Rachel Jacoff ed., Harvard University Press, Cambridge, MA, 1986, p. 70.
5. Lewis, *The Problem of Pain*, p. 91.
6. Fuente desconocida.
7. C.S. Lewis, *The Joyful Christian: 127 Readings from C.S. Lewis*, Macmillan, Nueva York, 1977. p. 210.
8. H.W. Robinson, *Suffering: Human and Divine*, Macmillan, Nueva York, 1939. p. 139.
9. Lewis, *The Problem of Pain*, p. 93.
10. Peter Kreeft, *Making Sense out of Suffering*, Servant Books, Ann Arbor, MI, 1986, p. 78.
11. Philip Edgcumbe Hughes, *Paul's Second Epistle to the Corinthians*, Eerdmans Publishing Co., Grand Rapids, MI, 1962, p. 11.

Capítulo Nueve

1. E. Stanley Jones, citado en Sherwood Wirt and Kersten Beckstrom, eds., *Living Quotations for Christians*, Harper and Row, Nueva York, 1974. p. 35.
2. Archibald Hart, *Counseling the Depressed*, Word Books, Waco, TX, 1987, p. 99.
3. Daniel Goleman, *Emotional Intelligence*, citado en Mitch and Susan Golant, *What to Do When Someone You Love Is Depressed*, Villard Books, Nueva York, 1996, p. 23.
4. Queremos agradecer a Archibald Hart por sus conceptos en su libro *Counseling the Depressed*, Word Books, Waco, TX, 1987, p. 133-143.
5. Fuente desconocida.

Para contactar a Freedom in Christ Ministries:
9051 Executive Park Drive, Suite 503
Knoxville, TN 37923
Teléfono: (865) 342-4001
Correo electrónico: info@ficm.org
Sitio en la red: www.ficm.org